T0169693

# ÉTUDES DIALECTIQUES

Du même auteur

— *La Fausse Conscience*, Paris, Ed. de Minuit, 1962, 3ᵉ éd. 1977.
  (Ed. allemande, Francfort, Fischer-Verl, 1967 ; éd. italienne,
  Bari, Dedalo, 1967 ; éd. anglaise, Oxford, Blackwell, 1975 ; éd.
  grecque, Athènes, 1977 ; éd. USA, Harper Torchbooks, 1978 ;
  éd. portugaise, Lisboa, Guimaraes, 1979.)
— *Sociologie de l'aliénation*, Paris, PUF, 1970.
  (Ed. sud-américaine, B. Aires, Amorrortu, 1973.)
— *Formen der Entfremdung*, Francfort, Fischer-Verl, 1964.
  (Ed. sud-américaine Cordoba, Eudecor 1967.)
— *Idéologies*, Paris, Anthropos, 1974.
— *Idéologies II*, Paris, Anthropos, 1978.
— *Mannheim et le marxisme hongrois*, Paris, Méridiens Klincksieck,
  1987.
— *Réflexions sur l'avenir des Juifs*, Paris, Méridiens Klincksieck, 1987.


**En collaboration :**

*L'aliénation aujourd'hui* (avec B. Rousset et Trinh Van Thao), Paris,
  Anthropos, 1974.
*Actualité de la dialectique* (avec B. Rousset et Trinh Van Thao), Paris,
  Anthropos, 1980.

JOSEPH GABEL

# ÉTUDES DIALECTIQUES

PARIS
MÉRIDIENS KLINCKSIECK
1990

Si vous souhaitez être tenu au courant de la publication de nos ouvrages, il vous suffit d'en faire la demande aux Editions Méridiens Klincksieck, 103, bd Saint-Michel, 75005 Paris.

© Librairie des Méridiens Klincksieck et Cie, 1990
ISBN 2-86563-267-9

A Eddy Treves (1911-1989)
Compagne pendant des années
de mes déceptions et de mes
joies.

*In memoriam*

# PRÉFACE

Joseph Gabel, psychiatre et sociologue, réunit ici en un volume des études publiées naguère séparément.

Chacune d'elles offre un grand intérêt, et celui-ci se trouve accentué par une réédition dans des conditions nouvelles. L'âge leur confère une plus haute valeur. Certaines des thèses proposées, qui auraient pu paraître extravagantes ou scandaleuses, du moins à certains lecteurs, il y a une dizaine d'années encore, ont perdu, entre temps, leur allure trop surprenante ou choquante, et elles ont gagné, en contrepartie, un air de décence et de respectabilité.

Aussi bien l'auteur prend-il soin de signaler à mainte reprise que certains de ses constats, notamment politiques, qui étaient valables en leur temps, ne s'appliquent plus exactement à des institutions, des écoles, des œuvres qui portent toujours le même nom mais se sont elles-mêmes profondément transformées intérieurement, ont peut-être commencé à surmonter ce que l'auteur appelle leur *réification*.

Les sujets traités dans ce recueil peuvent paraître d'abord très hétérogènes, ou même hétéroclites : la *fausse conscience,* les *effets pervers*, l'aliénation, le racisme, l'utopie, la question juive, l'historicisme, etc. Mais il ne faut pas s'y tromper : l'intention de l'auteur est précisément de mettre en évidence une nature profonde unique, ou du moins des éléments constitutifs semblables, sous cette diversité d'apparences.

Qu'est-ce qui assure l'unité de ces textes épars ? Sans doute la dialectique, qui entre dans le titre de l'ouvrage. Mais peut-être plus intimement une inquiétude qui anime la recherche : pourquoi tant de malheurs dans les temps que nous avons vécus ? Pourquoi ce penchant des choses à aller presque toujours du mauvais côté ? Pourquoi ces maladies des esprits individuels, qui ressemblent tant aux perversions de la vie sociale et historique ?

Il y a des *effets pervers* de toutes les intentions et de toutes les actions, mais on ne saurait les considérer isolément. Ils relèvent d'une constellation de concepts qui intéresse globalement l'auteur : aliénation, réification, anhistorisme, fixation, phénomènes et processus qui n'existent qu'en inter-connexion.

En procédant à ces assimilations — ce qui suppose une méfiance à l'égard de définitions trop rigoureuses, complices d'un usage absolutiste du principe d'identité, lui-même responsable d'un *rationalisme morbide* — l'auteur fait en quelque sorte descendre la dialectique de l'éther philosophique où elle séjourne habituellement, sur la terre des hommes, des malades, des victimes. Ce spectacle, présenté sans trop de ménagements, ne manque pas d'exercer un effet de fascination.

L'un des principaux intérêts de ce livre se trouve en effet dans la mise en relation constante et directe des phé-nomènes sociaux et des maladies mentales.

Les théoriciens qui accordent à la catégorie philosophique d'aliénation un rôle dans l'intellection des processus sociaux s'efforcent en général de la bien distinguer de la catégorie médicale — en même temps d'ailleurs que de la catégorie juridique. Mais Joseph Gabel, lui, sans renoncer entièrement aux différenciations nécessaires, procède à des rapprochements hardis, voire téméraires. Il faut reconnaître que ses esquisses de la schizophrénie, qui doivent beaucoup aux travaux de son maître, le Dr Minkowski, présentent des similitudes frappantes avec le tableau des aliénations sociales ou culturelles. Reste à découvrir si l'aliénation morbide est la cause de l'aliénation sociale, ou si l'ordre de causalité est inverse, ou si les deux types d'aliénation dépendent d'un conditionnement extérieur qui leur serait commun. Non sans sourire, sans doute, l'auteur lance cette répartie à ses interlocuteur : la dialectique, c'est le contraire de la schizophrénie ! Ainsi toute chose tend-elle à se déterminer par rapport à cette maladie. Mais la maladie elle-même ne relève-t-elle pas d'une explication dialectique, comme toute chose, puisque la dialectique ne se laisse comprendre que dans une totalité, qui par définition, englobe tout ?

En général, Joseph Gabel excelle dans la découverte des analogies. Il présente le nazisme, par exemple, comme un analogue de l'aliénation, de la réification et de leurs concomitants. La révélation de ces similitudes et de ces parentés se révèle très éclairante. Certes, elle n'a pas valeur explicative. L'explication se donnerait pour tâche de montrer pourquoi tous ces phénomènes apparentés se présentent, d'ailleurs ensemble, à telle époque, dans tel pays, sous telles ou telles conditions objectives. Elle indiquerait de quoi ils résultent.

Mais tel n'est pas le propos de J. Gabel. Il donne une description des symptômes, des comportements. Cette phénoménologie est partiellement révélatrice de leur nature, mais il est vrai que le raisonnement analogique, s'il n'est pas probant en lui-même, détient une grande richesse heuristique, il oriente utilement les recherches. Il fait davantage, parfois : en montrant l'analogie d'un phénomène inexpliqué avec un phénomène mieux connu, ou en bonne voie d'être compris, il suggère une transposition de la méthode efficace dans le deuxième cas à l'objet encore rétif — compte tenu, bien entendu, des différentes notoires.

Tous les lecteurs ne suivront peut-être pas sans hésitation ni sans crainte Joseph Gabel sur les chemins parfois périlleux où il les engage. Ne semble-t-il pas prendre plaisir à choisir toujours, comme objets d'analyse, les exemples extrêmes (le nazisme, le stalinisme), les développements par excès (maladie mentale), les situations historiques exceptionnelles (le destin juif), les événements paroxystiques ? Alors les conditions plus habituelles, et considérées dès lors comme *normales* (la *démocratie occidentale*, le *pluralisme, la juridiction d'assises*) lui paraissent échapper aux méfaits de la fausse conscience, de l'anhistorisme, de la réification, et il les choisit comme critères. L'histoire serait-elle donc tout de même finie ?

Les lecteurs les plus réticents devant les postulats et les thèses soutenues seront sensibles à l'originalité des descriptions phénoménologiques, au foisonnement d'idées ingénieuses, de suggestions dérangeantes, à cette sorte de fièvre intellectuelle, que chacun percevra à sa manière, selon sa formation propre. Qui ne tirera profit des rapprochements et des analogies, et de leur efficacité historique ?

Compte tenu de l'orientation d'esprit dont ses propos témoignent, on peut penser que l'auteur ne tient à rien plus qu'à la liberté d'esprit de ceux qui le liront. Il aura la satisfaction d'exciter chez eux la vigilance critique, d'accroître leur goût de la compréhension difficile, de provoquer leur recherche et leur réflexion personnelles, de mettre à l'épreuve leur perspicacité. L'esprit en mouvement se réjouit de mettre en mouvement les autres.

Jacques d'Hondt

# AVANT-PROPOS

« Le marxisme se meurt, le marxisme est mort. » On entend les sanglots des pleureuses et les Bossuet de l'*Intelligentsia* se penchent sur le canevas de leurs oraisons funèbres. « Marx a tout prévu sauf le marxisme » écrit André Frossard [1] « ... le marxisme était en train de prendre un sérieux coup de vieux... » lisons-nous sous la signature de Lionel Stoleru [2]. Après une existence triomphale de plus d'un siècle, la doctrine élaborée par le petit-fils (un peu antisémite) du Rabbin de Trier, aborde l'âge des déceptions et des reniements. La « Tragédie du Marxisme » (c'est le titre d'un bon ouvrage un peu oublié de Michel Collinet) rappelle celle du Père Goriot ou du Roi Lear ; il est renié par ses enfants. Le « révisionnisme » de Michel Gorbatchev est un phénomène historique plutôt sympathique ; peu de gens évoquent de nos jours avec nostalgie le souvenir du marxisme « pur et dur » de l'ère stalinienne. Mais si un jour — ou une nuit — le spectre de Marx s'avisait d'apparaître devant le secrétaire général du parti communiste de l'URSS, il serait en droit de lui poser la question : « Mais qui t'a fait roi ? »

Or, si le marxisme est peut-être moribond, la dialectique, elle, se porte comme un charme. « Retour de la dialectique » titre l'un des célèbres représentants contemporains de cette philosophie [3], mais la dialectique ne pouvait pas nous revenir car elle ne nous a jamais réellement quittés. Le nombre des théoriciens, d'hier et d'aujourd'hui, qui « font de la dialectique », parfois à la manière de M. Jourdain faisant de la prose, est légion ; que l'on songe à Bergson et ses disciples comme le Docteur Eugène Minkowski, aux gestaltistes, à l'organo-dynamisme du grand psychiatre Henri Ey, la « dialectique pulsionnelle » de Léopold Szondi, la « systémique » et j'en passe. Les grands démystificateurs (les « professeurs de lucidité ») sont souvent des dialecticiens qui veulent s'ignorer en tant que tels ; j'ai essayé d'en faire la démonstration quant à la pensée politique de Raymond Aron [4].

Le dénominateur commun des articles, à première vue quelque peu disparates, réunis dans ce volume, est l'utilisation du principe dialectique-historiciste comme instrument d'une compréhension critique du monde de l'aliénation. Dialectique et historicisme sont plus que des doctrines parentes ; ce sont là, à mon sens, deux facettes de la même attitude philosophique [5]. Les grands historicistes (Hegel, Lukàcs, Mannheim) sont aussi généralement de grands dialecticiens ; les tenants althussériens d'un marxisme paradoxalement anti-historiciste sont, par la logique même qui sous-tend leur démarche, obligés de « évacuer la dialectique » [6] et de châtrer ainsi le marxisme de l'essentiel de son message désaliénateur.

Dans cet ordre d'idées, j'attache une certaine importance au premier chapitre de la deuxième partie (« Un exemple clinique de logique réifiée ») paru, comme article, dans une revue psychiatrique espagnole en 1949 et consacré à l'ouvrage d'un étudiant en médecine hongrois publié à Paris en 1937. Cet ouvrage n'est certes pas passé inaperçu des milieux psychiatriques de l'époque ; sa portée théorique de document clinique ne semble pas avoir été appréciée à sa juste valeur. Ce n'est pas seulement un cas splendide de « rationalisme

Ce n'est pas seulement un cas splendide de « rationalisme morbide » au sens des théories d'E. Minkowski, mais aussi une manifestation extraordinaire de pensée dédialectisée et réifiée. La dialectique en pareil cas n'est plus seulement une recette méthodologique à l'usage du chercheur mais l'instrument d'une critique de la pensée délirante, interprétée comme l'aboutissement d'un processus de dédialectisation régressive. L'importance documentaire de ce texte, que je crois pouvoir comparer à celle du Journal du Président Schreber, justifie peut-être le nombre et la longueur des citations dont ce chapitre est chargé.

Le chapitre suivant vise l'élaboration d'une axiologie marxiste (dialectique), problème négligé pendant longtemps par le marxisme « officiel », mais qui commence à intéresser certains milieux marxistes notamment en Hongrie [7]. Le philosophe belge Eugène Dupréel a mis en évidence la structure dialectique de l'univers des valeurs [8] ; Piaget a montré l'existence d'un certain parallélisme dans les processus de maturation axiologique et dialectique chez l'enfant. L'hypothèse d'une équivalence axio-dialectique formulée sur la base de cette convergence, est particulièrement significative pour l'interprétation du phénomène raciste puisque le racisme se caractérise précisément par une perception à la fois réifiante (donc : dédialectisante) et dévalorisante de l'altérité ethnique. C'est donc un symptôme d'aliénation au sens marxiste de ce terme [9]. La coexistence chez les représentants de la mouvance althussérienne, d'une orientation anti-dialectique (anhistorisme) et dévalorisante (anti-humanisme) n'est pas non plus fortuite.

Le dernier chapitre de ce volume est consacré au problème de la peine de mort dans ses rapports avec celui de l'aliénation. L'existence légale de la peine capitale est fondée sur le postulat implicite qu'une personne ayant commis un méfait au moment « A », reste identique à celle qui sera condamnée au moment « B » pour être exécutée au moment « C ». Elle se situe donc dans une temporalité spatialisée qui ignore l'existence, possible même entre les murs d'une prison, d'une évolution créatrice [10]. Le problème de la peine de mort s'articule ainsi avec celui de l'axiologie dialectique (le concept de « durée axiogène »). Quant au problème de la bureaucratie et de l'utopie, leurs liens avec l'historicité et la dialectique sont évidents et n'appellent nulle mise au point particulière.

Il me reste à exprimer ma gratitude aux Editions Méridiens-Klincksieck — et en particulier à Mmes C. Talamon et E. Proux — pour leur aimable concours et au Pr Jacques d'Hondt, président de la Société de Philosophie, pour sa préface et les critiques et suggestions judicieuses que lui a inspirées la lecture de mon manuscrit.

## NOTES

1. A. FROSSARD, Les phares de l'humanité — Karl Marx », *Historia*, novembre 1970.

2. L. STOLERU, « Vers un nouveau Karl Marx », *Le Monde*, 22 février 1989.

3. Henri LEFEBVRE, *Le retour de la dialectique*, Paris, Messidor, 1986.

4. Dans *Sociologie de l'Aliénation*, Paris, PUF, 1970, p. 36 sq.

5. Lukàcs définit la dialectique comme une « science de l'Histoire considérée dans son cours unique et exclusif de toute répétition » *(Wissenschaft der Geschichte in ihrem einmaligen unwiderholbaren Ablauf)* cité (sans référence précise) par E. GRÜNWALD : *Das Problem der Soziologie des Wissens*, Wien-Leipzig, 1934, p. 128. C'est de l'historicisme presque pur. Cf. aussi Eva Gàbor : Mannheim et la dialectique in GABEL, ROUSSET, TRINH VAN THAO : *Actualité de la dialectique*, Paris, Anthropos, 1980, p. 423 sq.

6. Expression de Henri Lefebvre. Lors d'une soutenance de thèse, l'un des représentants importants de la mouvance althussérienne, mort depuis dans des circonstances tragiques, a affirmé avoir consacré des centaines de pages au marxisme, sans avoir employé le terme *dialectique*. Si no e vero...

7. Cf. les recherches de Mme Agnès HELLER : « Hypothèses en vue d'une axiologie marxiste », Magyar Filozofiai Szemle (Revue Philosophique Hongroise), 1970, n° 5 et 6.

8. Cette interprétation *dialectique* de l'axiologie d'E. Dupréel est naturellement personnelle à l'auteur de ces lignes.

9. Cette interprétation plus ou moins « lukàcsienne » du phénomène raciste, est celle de l'Ecole de Francfort (Th. Adorno). Pour détails, cf. GABEL : *Réflexions sur l'avenir des Juifs*, Paris, Méridiens-Klincksieck, 1987, p. 11-60.

10. Le (futur) écrivain Caryll Chessmann était un vulgaire truand lors de son arrestation en 1945. Au cours des treize ans passés dans l'antichambre de la mort, il parviendra à se transformer en écrivains à succès. Pour détails cf. p. 143 sq.

PREMIÈRE PARTIE

# ACTUALITÉ DU PROBLÈME
# DE LA FAUSSE CONSCIENCE

*D'abord l'histoire du miroir du Diable. Le Diable a fait un miroir. Déformant bien entendu. Pire que cela : inversant. Tout ce qui s'y reflète de beau devient hideux. Tout ce qui y paraît de mauvais semble irrésistiblement séduisant. Le Diable s'amuse longtemps avec ce terrible joujou, puis il lui vient la plus diabolique des idées : mettre cet infâme miroir sous le nez de... Dieu Lui-même ! Il monte au ciel avec l'objet sous le bras, mais à mesure qu'il approche de l'Etre Suprême, le miroir ondule, se crispe, se tord et finalement il se brise, il éclate en des milliards de milliards de fragments. Cet accident est un immense malheur pour l'humanité, car toute la terre se trouve pailletée d'éclats, de miettes, de poussières de ce verre défigurant les choses et les êtres. On en ramasse des morceaux assez grand pour faire des vitre de fenêtre — mais alors malheur aux habitants de la maison ! — et en plus grand nombre des éclats pouvant être montés en lunettes — et alors malheur à ceux qui portent ces sortes de lunettes !*

Michel TOURNIER, *Le Vent Paraclet*, p. 49

I

# EFFET PERVERS
# ET FAUSSE CONSCIENCE *

La théorie de la fausse conscience est d'origine marxiste mais, ayant été récusée par le marxisme *officiel*, elle s'est trouvée pendant longtemps en situation marginale dans un *no man's land* entre la pensée marxiste et l'érudition universitaire dite bourgeoise, rejetée d'un côté comme n'étant pas assez marxiste et de l'autre comme l'étant trop. Il n'y avait en France jusqu'en 1962 qu'un seul ouvrage marxiste consacré à ce problème, *La conscience mystifiée* de Norbert Guterman et Henri Lefebvre [1], ouvrage pendant longtemps introuvable et dont la récente réédition n'est peut-être pas tout à fait un hasard. Quant au marxisme des pays de l'Est et aux courants d'idées qui en subissent l'influence directe ou indirecte (comme, entre autres, l'Ecole d'Althusser),

* Exposé destiné au Congrès Mondial de Sociologie (New Delhi 1986).

ils ont été, jusqu'à une date récente, unanimes soit à ignorer l'existence de ce chapitre de la théorie marxiste, soit à le critiquer comme « idéaliste ». Un marxiste français de premier plan, G. Labica, est allé jusqu'à rejeter le concept de l'*idéologie* ( !) comme « un concept suspect, un concept malade, un concept condamné » [2]. Selon Althusser, la critique de la réification relèverait de l'idéalisme anthropologique [3] ; il en serait de même de la théorie marxienne du caractère « fétichiste » de la marchandise *(Fetischkarakter der Waare)* selon E. Balibar [4]. La convergence de ces critiques est symptomatique d'une volonté commune d'éliminer du corpus de la théorie marxiste sa dimension démystificatrice dont l'œuvre du jeune Lukács et celle de Karl Mannheim constituent la cristallisation théorique.

Depuis quelque temps, le double ostracisme qui a frappé ce chapitre de la doctrine marxiste tend à s'atténuer de part et d'autre. J'ai eu récemment la surprise d'avoir entre les mains un ouvrage publié à Budapest et ayant pour titre *Histoire et fausse conscience* [5] ; pour qui connaît l'histoire idéologique des pays de l'Est, c'est là un événement. Il y a lieu de rappeler cependant que la Hongrie actuelle occupe dans la vie intellectuelle marxiste une place tout à fait à part et que la problématique de la fausse conscience est à tel point enracinée dans la tradition marxiste de ce pays qu'elle a pu être présente — moyennant quelques précautions terminologiques — jusque dans la littérature marxiste hongroise de l'époque stalinienne [6].

Plus significative est à mon sens l'apparition discrète de ce concept dans la presse d'orientation *libérale*. Sur les colonnes du quotidien *Le Figaro*, j'ai rencontré ce terme à deux reprises. Le 28 octobre 1982, Pascal Salin signe une mise en garde contre « les dangers de la fausse conscience » ; le 20 novembre de la même année, sous le titre « L'aveuglement occidental », B. Bonilauri analyse la fausse conscience qui, dans les pays occidentaux, préside à la perception des réalités soviétiques. On pourrait multiplier ces exemples ; ce serait alourdir inutilement le présent exposé. Bornons-nous à constater que ce chapitre, longtemps marginalisé, de la théorie marxiste, est en train de quitter son ghetto — ou, si l'on veut, son camp de réfugiés entre l'Est et l'Ouest — et qu'il a aussi cessé d'appartenir exclusivement à la mouvance marxiste. L'apparition d'un concept d'origine marxiste dans la presse libérale est peut-être le signe d'une prise de conscience de la valeur d'une certaine forme de marxisme dans la critique de *toutes* les idéologies totalitaires, de gauche aussi bien que de droite. Le regain d'intérêt pour des démystificateurs classés en principe à droite, comme Vilfredo Pareto ou Gustave Le Bon, comporte sans doute une signification analogue.

Le problème de la fausse conscience rencontre enfin depuis quelque temps un certain écho chez les universitaires. Certains utilisent ce concept marxiste en quelque sorte sous pseudonyme ; en parlant de « partialité sociologique », Raymond Aron pratique en fait une analyse critique, au demeurant fort brillante, du phénomène de la fausse conscience [7] ; je crois pouvoir en dire autant du terme d'« illusion sociale essentielle » rencontré dans un ouvrage de Georges Balandier [8]. D'autres emploient la terminologie marxiste *expressis verbis* comme Raymond Ruyer dans son article « L'inconscience, la fausse conscience et l'inconscient » [9]. Parmi les sociologues français de premier plan, c'est peut-être Raymond Boudon qui est le plus préoccupé par ce problème : dans son récent ouvrage *La place du désordre* j'ai relevé quatre références à ce concept [10] ; dans une étude antérieure consacrée au problème de l'effet pervers, il y en a au moins trois [11]. Mais ce sont là des références critiques et parfois ironiques ; aux yeux de R. Boudon la notion de fausse conscience n'est guère qu'une « notion confuse » [12] et la dialectique (qui en est le corollaire) une notion obscure [13]. La critique de cette critique peut constituer une excellente entrée en matière « dialectique » pour notre sujet. Il me semble en effet que, tout en connaissant à fond la question, R. Boudon n'a pas entrevu toute l'importance des liens existant entre la problématique de la fausse conscience et celle de l'effet pervers. Je me propose donc de montrer que : *a)* la fausse conscience est souvent — sinon toujours — génératrice d'effets pervers pouvant, sur le plan poli-

tique, se cristalliser dans des conduites d'échec de portée historique ; *b)* inversement l'effet pervers est pratiquement toujours
sous-tendu par une forme de fausse conscience; *c)* l'ensemble est
étroitement lié à la sociologie de la connaissance de la pensée
dialectique et de sa possible déchéance. Le concept de fausse
conscience ainsi défini possède, dans certains cas, une valeur
explicative pour la recherche historique. Il est pratiquement certain que le racisme hitlérien, manifestation typique de fausse
conscience [14], aura été l'une des causes de la défaite du
IIIᵉ Reich. Cette constatation n'a rien d'original ; chacun sait
que, en se privant du concours de savants de grande valeur mais
d'« origine raciale impure », il a été, dans une large mesure, arti-
san de sa propre défaite. Mais si l'on admet que la conscience
raciste est une forme de fausse conscience, alors cette constatation en soi banale prend une signification exemplaire car elle
montre, sur un exemple difficile à récuser en raison de sa banalité même, la possibilité d'insérer le phénomène de fausse
conscience dans une chaîne causale ou compréhensive ayant
valeur explicative, ce qui légitime son utilisation éventuelle dans
des cas moins évidents. Je suis naturellement conscient de l'existence des problèmes d'épistémologie sociologique qui se posent
ici, comme entre autres celui du choix entre explication causale
et explication compréhensive. Il n'est ni possible ni sans doute
indispensable d'entrer ici dans l'étude détaillée de ces questions
d'épistémologie ; qu'il suffise pour le moment d'en rappeler
l'existence.

Le concept de fausse conscience utilisé ici est celui élaboré
par l'auteur de cette communication dans un ouvrage qui porte
ce titre [15]. Il est tributaire de l'œuvre de trois penseurs : Georg
Lukács et sa théorie de la réification dans *Histoire et conscience de
classe*, Karl Mannheim et sa conception de l'idéologie exposée
dans *Idéologie et utopie* et enfin Eugène Minkowski et son concept
de rationalisme et géométrisme morbides développé dans son
livre *La schizophrénie* paru en 1927. Les grandes lignes de cette
conception sont les suivantes :

*a)* La fausse conscience est à la base de l'idéologie, définie comme une forme de pensée politique intéressée *(interessengebunden)* [16] et de ce fait déformée *(distorted)*. L'idéologie est la cristallisation théorique d'une forme de fausse conscience. Cette définition des rapports existant entre idéologie et fausse conscience est d'Engels [17]; elle sous-tend également la démarche de Mannheim dans l'ouvrage cité.

*b)* Fausse conscience est corollaire de réification (ou chosification *Verdinglichung*). La réification tend à effacer les limites entre Nature et Culture ; une perception réifiée de la société se trouve donc obligatoirement aux antipodes du sociologisme qu'il soit marxiste ou durkheimien. La théorie du savant « victorien » W. Jevons [18], qui « explique » la périodicité des crises économiques par celle de l'apparition des taches solaires, est un bon exemple de théorie réifiée ; il en est de même de l'idéologie raciste dans son ensemble. La fausse conscience est donc souvent synonyme de daltonisme sociologique *(society-blindness)*.

*c)* L'idéologie — et partant, la fausse conscience — est anhistorique ou plus exactement anti-historiciste. « L'histoire de la nature, ce qu'on appelle les sciences naturelles, ne nous intéresse pas ici ; mais nous devrons nous occuper de l'histoire des hommes, puisque l'idéologie presque entière se réduit, soit à une conception erronée de cette histoire, soit à une abstraction complète de cette histoire » [19], écrit dans un raccourci génial — qui anticipe sur les idées d'Orwell — le jeune Marx. Jean Lacroix voit dans le personnalisme (chrétien) l'anti-idéologie par excellence [20] ; sans vouloir contester la pertinence de ce point de vue, il m'a toujours semblé que la véritable anti-idéologie était *l'historicisme* et ce n'est nullement un hasard si Karl Mannheim le principal théoricien contemporain du problème idéologique est en même temps l'un des grands représentants du courant historiciste.

*d)* Le problème de la fausse conscience est lié à celui de l'aliénation dans son double aspect social et individuel (clinique), ce qui justifie l'insertion de la présente communication dans le programme d'un groupe de travail consacré à l'étude du problème de l'aliénation. Le syndrome isolé il y a un peu plus d'un demi-siècle par le Dr Minkowski — l'un des plus grands psychopathologistes de notre temps —, sous le nom de « rationalisme et géométrisme morbides », est caractérisé par une rupture de l'équilibre des dimensions spatiale et temporelle de l'expérience en faveur de la première (géométrisme morbide) ; il peut donc être interprété en termes marxistes, comme la manifestation d'une psychologie réifiée. C'est donc une forme d'aliénation à la fois dans le sens marxiste et au sens psychiatrique (pinélien) du terme. C'est là le point d'articulation avec la théorie de la structure schizophrénique de la fausse conscience, formulée il y a un peu plus de vingt ans par l'auteur de la présente communication. Je me permets de passer la parole à M. Scott A. Warren :

> « Gabel's unique contribution is that he goes beyond drawing a mere analogy between certain kinds of psychological disorders and the disorders of our social and political consciousness. Rather, he suggests an actual structural "identity" of schizophrenia and ideology as two forms of reified, false consciousness. His work is replete with appeals to clinical and sociological data to support his particular claim. This suggestion of a schizophrenic structure of false consciousness and ideology has two major implications for Marxism. First, is shows how alienation as a schizophrenic form of consciousness is not determined by economic reification alone but by reification as a total and independent mode of existence. This vitiates any overly materialist or economic determinist Marxism, as well as any view that false consciousness is simply a matter of "content"... Second, insofar as Marxism is a critique of ideology and of false social consciousness, it is also inherently a critical theory of deranged thought. Hence it can contribute to the development of psychopathology [21]. »

Il ne s'agit donc nullement — comme l'ont prétendu certains critiques [22] — d'un simple raisonnement analogique mais de la mise en évidence de deux processus parallèles de dédialectisation d'origine naturellement différente mais aboutissant à des structures logiques semblables. « Le drame de l'aliénation est dialectique » ; ce mot du philosophe Henri Lefebvre est aussi valable au niveau individuel (clinique) qu'au niveau collectif.

*e)* Il en résulte une conséquence importante pour la politologie : la fausse conscience implique un certain degré d'imperméabilité à l'expérience, analogue à celle qu'à l'échelle clinique les psychiatres désignent par le terme d'autisme et que Lévy-Bruhl a cru pouvoir déceler chez ceux que de son temps on qualifiait, à tort, de « primitifs ». A ce titre, elle peut parfois — mais pas toujours — être source de conduites d'échec en politique.

L'histoire idéologique récente a produit deux « types idéaux » spontanés de fausse conscience : le stalinisme et le racisme. L'étude critique de la première est hors de notre présent propos ; qu'il suffise de renvoyer ici à un ouvrage génial universellement connu *1984* de George Orwell. Plutôt qu'un roman d'anticipation ou une utopie, *1984* est une description très complète et remarquablement cohérente de la fausse conscience communiste du temps de Staline, description fondée essentiellement sur une analyse critique de l'idéologie qui sous-tendait les procès de Moscou. Nous retrouvons dans ce roman les trois dimensions essentielles de la fausse conscience : la déchéance de la temporalisation (anhistorisme), la répression de la sexualité (ce qui renvoie à Reich et Marcuse), ainsi que la structure schizophrénique de la conscience politique totalitaire (autisme politique).

Quant à la « conscience raciste » elle est de son côté caractérisée : *a)* par son anhistorisme bien mis en évidence par Lukács dans sa *Destruction de la raison* [23] ; *b)* par son daltonisme sociologique *(society-blindness)* ; dans le racisme « le racial domine le social » (C. Guillaumin) [24] et *c)* par sa tendance réifiante analysée dans les cadres d'une enquête célèbre, par l'équipe de Th. Adorno [25]. La conscience raciste est donc encore une forme « idéaltypique » de fausse conscience; les antiracistes majoritaires dans les milieux universitaires en France et ailleurs ne me contrediront pas sur ce point. Un psychiatre américain, Silvano Arieti, spécialiste bien connu de l'atteinte schizophrénique qui est donc censé savoir de quoi il parle, a qualifié le comportement raciste de comportement *autiste* donc schizophrénique. Le raciste — tout comme le schizophrène — s'enferme dans le monde de ses fantasmes délirants ; il n'a nul besoin de connaître pour haïr. Son comportement est projectif, identificatif et dépersonnalisant. Il ne parle pas *des* Juifs mais *du* Juif ; l'emploi courant du singulier indique qu'il ne veut — ni ne peut — percevoir les différences individuelles. C'est donc une attitude réifiante qui n'est pas sans rappeler certains aspects de la pathologie sexuelle [26]

Au cours de la deuxième guerre mondiale cette « fausse conscience raciste », présente dans les superstructures de la plus importante des puissances de l'Axe, a opéré, comme source de conduite d'échec, à quatre niveaux :

1) En présidant à l'exclusion de la vie scientifique allemande de savants juifs de haute compétence qui apporteront une contribution capitale de l'effort de guerre allié.

2) En jetant une certaine suspicion sur la recherche atomique dans son ensemble, qualifiée par certains savants hitlériens de « physique juive ». Les mémoires de l'ancien ministre de la Production industrielle du III<sup>e</sup> Reich, Albert Speer, bien placé pour connaître les intrigues et les luttes d'influence se déroulant dans les hautes sphères de l'Etat nazi, contiennent à ce sujet des précisions intéressantes. Philippe Lénard — prix Nobel de physique et l'un des premiers partisans de Hitler dans les milieux scientifiques allemands — détestait personnellement Einstein ; il a extrapolé cette hostilité sur l'ensemble des théories de ce dernier et il a réussi à la faire partager par le futur chancelier. Cela n'a certes pas bloqué l'effort militaire atomique allemand mais, selon le témoignage de Speer qui n'a aucune raison de travestir la vérité dans cette question, il l'a assez sérieusement freiné [27].

3) En entravant l'exploitation politique du mécontentement de certaines populations allogènes et de certains couches paysannes des régions occupées de l'URSS considérées par les autorités d'occupation nazies comme de futurs esclaves et non point comme des alliés potentiels. Des observations sensées ont été formulées à ce sujet par des « collaborateurs » étrangers pro-nazis certes, mais ayant gardé une certaine lucidité politique ; il n'en a été tenu aucun compte, fort heureusement pour nous tous [28].

4) En masquant la véritable signification du pacte germano-soviétique de 1939. James Burnham a considéré le communisme et le national-socialisme comme deux variantes de l'idéologie directoriale (donc : post-capitaliste). Leur éphémère alliance n'aurait donc nullement été simple expédient tactique ; résultat d'une communauté d'intérêts doublée de convergence idéologique et de parenté institutionnelle, elle aurait dû normalement apporter aux partenaires du pacte Ribbentrop-Molotov la victoire finale. Hitler, obnubilé par ses fantasmes idéologiques (le mythe du judéo-bolchevisme et l'idée d'une alliance possible avec l'Angleterre « aryenne »), a probablement laissé, en attaquant l'URSS, échapper la victoire qu'il avait à portée de main. L'intérêt principal de cet exemple est de montrer, dans un cas unique mais ayant une portée historique, la possibilité d'établir une chaîne de relations de compréhension entre la structure réifiée de la conscience politique (la fausse conscience), la distorsion idéologique et une conduite d'échec. Il ne s'agit pas de diagnostiquer ce que les Anglo-Saxons appellent un *key cause*. « Malheur aux sociologues qui s'occupent d'enfoncer des portes ouvertes, de s'adonner aux fausses évidences, ou de manier des clefs qui ouvrent toutes les portes : ces portes ne conduisent habituellement nulle part, et l'explication, au lieu de trouver le "caché", reste tautologique » [29]. Cet avertissement de G. Gurvitch mérite d'être pris au sérieux. La défaite du nazisme a été dans une assez large mesure l'effet, que l'on n'ose pas qualifier de pervers, de sa politique raciste,

mais la fausse conscience pourtant intense du stalinisme n'a nullement entravé l'efficacité de la politique soviétique du temps de Staline. Il ne s'agit donc nullement de trouver ici « une clé ouvrant toutes les portes », mais simplement de dégager une dimension, plus ou moins importante selon le cas, du processus complexe de la causalité historique. L'introduction du concept de fausse conscience dans ce processus causal permet d'esquisser une typologie de l'erreur politique, fondée sur la distinction entre *erreur structurelle* due à la présence d'un facteur permanent de distorsion idéologique (le racisme dans le cas de la politique extérieure de l'Allemagne nazie) et *erreur conjoncturelle*, conséquence d'une information insuffisante (c'était peut-être le cas de l'aventure napoléonienne en Espagne). Il appartient à l'historien et à lui seul, de déterminer par des recherches concrètes la part de chacune dans les événements qu'il étudie [30].

Le cas du racisme hitlérien comme forme de fausse conscience et source de conduite d'échec nous offre un exemple privilégié car la connaissance précise que nous possédons, grâce à des études comme celle d'Adorno, de la structure de la conscience raciste, a permis une analyse précise des relations de compréhension existant entre les différents éléments de la chaîne causale historique. Dans les deux autres exemples proposés — le rôle du Japon dans la décolonisation et l'assassinat du tsar Alexandre II en 1881 —, il ne nous a pas été possible de procéder à une telle analyse ; ces exemples sont cependant indispensables pour notre propos car le premier illustre le lien existant entre effet pervers et fausse conscience et le second met en valeur le rôle du daltonisme sociologique *(society-blindness)* dans la production d'un effet pervers.

De 1905 à la seconde guerre mondiale, l'empire du Soleil-Levant n'a cessé d'infliger des humiliations aux puissances européennes ; malgré son échec final, cette politique aura constitué l'un des principaux détonateurs du processus de décolonisation. La politique des dirigeants japonais de cette

époque était « objectivement » anti-impérialiste mais ces dirigeants, alliés d'une puissance « blanche » (et de surcroît
raciste avoué), ne se voyaient certainement pas comme des
anti-impérialistes ni même comme des champions de la cause
des peuples de couleur, mais comme des représentants d'un
impérialisme concurrent, face au colonialisme anglo-saxon et
à ses alliés. L'auteur des *Leçons sur la philosophie de l'histoire*
aurait aimé cet exemple ; c'est une très belle illustration de
sa théorie de la « ruse de la raison ». Une étude critique
des idéologies qui sous-tendaient l'expansion impérialiste japo-
naise dépasse notre compétence ; la seule conclusion que nous
croyons être en droit de tirer est que, dans cet exemple
historique, effet pervers et fausse conscience marchent de
pair. « Pas plus qu'on ne juge un individu sur l'idée qu'il
se fait de lui-même, on ne saurait juger une... époque de
bouleversements sur sa conscience de soi... », écrit — posant
très nettement la question de la fausse conscience — Marx [31].

Quant aux conjurés russes de 1881, leur but conscient
était certainement d'alléger le poids de l'autocratie qui pesait
sur leur pays ; l'effet pervers de leur geste aura été l'avènement
d'un monarque plus autoritaire que son prédécesseur avec
aggravation sensible de l'orientation réactionnaire du régime.
La philosophie politique non formulée qui présidait implicitement à leur action s'apparente à cet « individualisme
méthodologique » que défend dans ses écrits R. Boudon. En
frappant un *individu* personnifiant l'autocratie, ils ont cru
frapper l'institution autocratique ; une réflexion sommaire sur
les bases sociologiques de cette institution aurait suffi pour
montrer leur erreur. Le terrorisme — nous le savons maintenant — est relativement efficace contre une démocratie
qu'il oblige soit à s'incliner soit à renier ses principes ; il
l'est infiniment moins face à un régime autoritaire à la
politique duquel il apporte une caution morale involontaire.
Ces considérations élémentaires de sociologie politique ont
naturellement échappé aux conjurés de 1881 qui n'ont écouté
que la voix de leur générosité et de leur courage. L'asocio-

logisme d'une action politique généreuse a ainsi engendré un effet pervers qui a influencé dans un sens défavorable pour de longues années les destinées du peuple russe. Nous retrouvons cet aspect du problème — le rôle de l'asociologisme dans la production de l'effet pervers — lors de l'examen des rapports entre utopisme et effet pervers.

Selon Mannheim, « l'élément commun et en fin de compte essentiel des concepts d'idéologie et d'utopie est qu'ils impliquent l'un et l'autre la possibilité de fausse conscience »[32]. Toutefois, entre fausse conscience idéologique et fausse conscience utopique, cet auteur entrevoit une différence essentielle : l'idéologie tend à freiner le changement social, alors que l'utopie est investie d'une fonction de contestation. L'idéologie est conservatrice, l'utopie révolutionnaire. Ernst Bloch — assez proche des idées de Mannheim — voit l'utopie comme un « principe d'espoir » *(Prinzip Hoffnung)* et l'écologiste René Dumont a intitulé l'un de ses ouvrages, *L'utopie ou la mort*[33].

L'essai de Raymond Ruyer, *L'utopie et les utopies*[34], complète utilement l'approche mannheimienne. Au moment de publier cet ouvrage, Ruyer ne semble pas avoir connu le concept de fausse conscience qui n'obtiendra droit de cité dans l'arsenal conceptuel de la vie universitaire française que beaucoup plus tard. Ruyer sera d'ailleurs l'un des premiers penseurs non marxistes à s'y intéresser, ce qui n'est peut-être pas un fait du hasard. La notion d'effet pervers est également absente de son vocabulaire. A ceci près nous retrouvons dans la description que fait Ruyer de la conscience utopique, tous les traits qui permettent de la caractériser comme une forme de fausse conscience de structure schizophrénique : anhistorisme (« L'Histoire glisse sur l'esprit des utopistes comme l'eau sur les plumes d'un canard », Ruyer, *op. cit.*, p. 227), anti-dialectisme (« L'utopie... est aux antipodes par son académisme d'une conception dialectique des choses », *ibid.*, p. 98), illusion de toute-puissance, rationalisme étranger à la vie. Autant de données qui font partie du tableau clinique de l'atteinte schizophrénique et notamment de sa variante dénommée « géométrisme morbide » par E. Minkowski, cité d'ailleurs par Ruyer (*op. cit.*, p. 41). Mais l'utopiste tend aussi selon Ruyer à *méconnaître les effets secondaires et composites* (*op. cit.*, p. 80) ; nous avons retrouvé notre vieille connaissance : l'effet pervers. La conscience utopique est donc fausse conscience dans la mesure précisément où elle scotomise la dimension historique et sociale des données, ignore la dialectique et méconnaît les effets pervers. Le lien logique qui unit ces différents éléments apparaît ici plus nettement que dans les exemples précédents.

Les effets pervers au niveau macrosociologique de l'utopie égalitariste sont connus depuis longtemps, chacun sait que l'égalité souvent « engendre l'inégalité » [35]. Les élites politiques ou bureaucratiques, qui s'érigent en couches privilégiées dans les régimes à prétentions égalitaires à l'origine, sont de dimensions généralement plus restreintes que les élites traditionnelles ; leur recrutement est plus sélectif et leurs privilèges sont souvent plus significatifs. Le spectacle de Pol Pot passant en revue dans sa voiture « ses » esclaves peinant dans les rizières, est comme le cas extrême de l'effet pervers des applications pratiques de l'idéologie égalitariste ; avant de sombrer dans l'horreur, la commune de Münster (1534), application pratique de l'égalitarisme anabaptiste, a connu une évolution identique.

Mais l'utopisme égalitaire opère aussi au niveau d'un palier intermédiaire entre la macrosociologie et la microsociologie, celui d'un réformisme visant à atténuer certaines inégalités sans prétendre réorganiser l'ensemble de l'édifice social. La fausse conscience génératrice d'effet pervers consiste dans ces cas soit en une perception ponctuelle donc non historique du problème, soit en la scotomisation de l'environnement national ou international, ce qui est un aspect du daltonisme sociologique. La défense des locataires (*Mieterschutz*), pratiquée par la municipalité socialiste de Vienne avant la Guerre visait en principe à faciliter l'existence quotidienne de personnes aux ressources modestes. En décourageant les loueurs potentiels d'appartements, elle avait provoqué comme effet pervers une pénurie de logements et favorisait les personnes assez aisées soit à devenir propriétaires soit à payer des « pas de porte » en principe interdits par la loi [36]. Il a été aussi suggéré à l'époque — sans succès fort heureusement — que la disparité des salaires soit maintenue mais les retraites égalisées quel qu'eût été le statut des intéressés pendant la vie active. Il est légitime qu'un grand physicien reçoive une rétribution sociale plus importante qu'un instituteur, leurs contributions respectives à la prospérité générale étant inégales. Une fois à la retraite, cette contribution tend dans les deux cas vers zéro, ce qui est censé justifier l'attribution de pensions de retraite identiques. Dans l'optique d'une justice extra-historique, une telle suggestion peut se défendre. Une approche plus historiciste permet de percevoir l'inévitable effet pervers qui se produirait à terme, sous la forme d'une désertion de la fonction publique par des éléments valables et aussi par une fuite des cerveaux vers l'étranger.

Je pourrais multiplier ces exemples puisés dans la politique quotidienne ; ce n'est peut-être pas indispensable. Disons en résumé que la fausse conscience consiste, selon la définition proposée, en une méconnaissance — ou plus exactement en une scotomisation — systématique de la dimension historique ou sociologique des données; en somme par une approche systématiquement adialectique des problèmes. Or c'est aussi le cas de la plupart des effets pervers et c'est pour cette raison que l'optique la plus adéquate pour une approche critique de ce phénomène n'est pas l'individualisme méthodologique prôné par R. Boudon mais un *sociologisme dialectique* qu'il soit marxiste ou durkheimien [37]. Le terme « effet pervers » renvoie explicitement à la notion de *totalité dialectique* ; la mise en question de la valeur opérationnelle de cette dernière catégorie [38] apparaît ainsi comme l'une des inconséquences de la démarche de R. Boudon.

Il est temps de rendre à César ce qui est à César et de restituer à l'effet pervers quelques-unes de ses lettres de noblesse dialectiques :

> « ... dans l'histoire universelle, il résulte des actions des hommes en général encore autre chose que ce qu'ils projettent et atteignent, que ce qu'ils savent et veulent immédiatement ; ils réalisent leurs intérêts, mais il se produit avec cela quelque autre chose qui y est caché à l'intérieur, dont leur conscience ne se rendait pas compte et qui n'était pas dans leurs vues... » (Hegel, *Leçons sur la philosophie de l'histoire*, Paris, Vrin, 1945, p. 36-37).

> « Mais, deuxièmement, l'histoire se fait de telle façon que le résultat final se dégage toujours des conflits d'un grand nombre de volontés individuelles, dont chacune à son tour est faite telle qu'elle est par une foule de conditions particulières d'existence ; il y a donc là d'innombrables forces qui se contrecarrent mutuellement, un groupe infini de parallélogrammes de forces, d'où ressort une résultante — l'événement historique — qui peut être regardée elle-même, à son tour, comme le produit d'une force agissant comme un tout, de façon *inconsciente* et aveugle. Car ce que veut chaque individu est empêché par chaque autre ; ce qui s'en dégage est quelque chose que personne n'a voulu » (ENGELS, Lettre à Joseph Bloch (1890), in *Etudes philosophiques*, Paris, ESI, 1951, p. 129).

Ces deux citations posent clairement la question des rapports entre effet pervers et fausse conscience et replacent l'ensemble du problème dans un contexte dialectique.

Cet aspect de la théorie marxienne du changement social n'a d'ailleurs nullement échappé à Raymond Boudon : « Marx me paraît ainsi être le sociologue qui, de la façon la plus constante, interprète le changement social comme le résultat d'effets de composition par des agents sociaux préoccupés exclusivement de la poursuites d'intérêts immédiatement lisibles dans un contexte où ils ont la latitude de ne pas tenir compte de l'effet de leurs actions sur autrui »[39] ; la même page comporte une référence à la « ruse de la Raison » de Hegel. Il n'en récuse pas moins toute articulation de ce problème avec celui de la fausse conscience. « Le fait que le passant qui traverse la rue regarde à droite et à gauche peut être expliqué sans recours à l'inconscience, à l'aliénation et à la fausse conscience » [40]. Cette remarque ironique ne prouve rien et peut même se retourner contre le postulat de l'individualisme méthodologique. Traverser une rue en regardant à droite et à gauche est un comportement individuel, apolitique, dont le seul but est d'éviter un accident. Voter pour un candidat déterminé aux élections, participer à un mouvement de grève ou défendre un certain point de vue dans la question juive, sont des comportements politiques, tributaires certes des penchants personnels des protagonistes, mais aussi de l'influence d'idéologies transindividuelles pouvant être sous-tendues par des formes de fausse conscience génératrices d'effets pervers. Le propre de l'idéologue est précisément de *ne pas regarder à droite et à gauche* mais de fixer son regard dans une seule direction privilégiée et de scotomiser ainsi une dimension importante de la réalité politique [41]. Les millions d'électeurs qui ont voté pour Hitler, les milliers d'intellectuels brillants qui avaient perçu Staline comme un bienveillant « père des peuples » n'étaient pas — ou n'étaient pas tous — individuellement des névrosés ou des délirants mais ils ont subi la contrainte extérieure d'idéologies de structure délirante qui déformaient leur perception de la réalité. Il ne faut pas trop se presser d'enterrer le sociologisme et la dialectique.

Or la « capacité dialectique » chez l'homme n'a rien d'une donnée innée et définitive ; c'est une conquête ; l'homme ne naît pas dialecticien; il le devient. Je ne peux pas entrer ici dans les détails de cette question que j'ai eu l'occasion d'envisager ailleurs ; qu'il me suffise de citer le psychanalyste Eric Fromm pour qui l'homme est à l'origine en quelque sorte normalement aliéné et la question n'est pas de savoir « pourquoi certains hommes deviennent fous, mais comment la plupart réussissent à éviter la folie » [42], et le sociologue Peter L. Berger qui considère comme « une erreur de voir dans la réification la perversion d'une approche originairement non réifiée du monde social, une sorte de péché originel de la connaissance *(a sort of cognitive fall from grace)*. Nos connaissances ethnologiques et psychologiques nous indiquent le contraire : sa saisie originale du monde est hautement réifiée aussi bien du point de vue phylogénétique que du point de vue ontogénétique. Il en résulte que la prise de conscience de la réification en tant qu'état de la conscience est conditionnée par une déréification au moins relative de la conscience, ce qui constitue une étape relativement tardive de l'évolution historique et aussi de l'évolution individuelle » [43]. L'accession de la classe ouvrière au stade de la conscience de classe est, selon Lukács, essentiellement dialectisation et déréification; il en est de même probablement de la maturation individuelle.

Ce processus de maturation-dialectisation peut naturellement être perturbé. L'étude des facteurs de perturbation à l'échelle individuelle ressortit à la pathogénie des affections mentales ; elle ne nous concerne donc pas ici. A l'échelle collective, les deux principaux facteurs de dédialectisation sont : *a)* l'irruption de l'utopie, ferment d'action et principe d'espoir, de ce fait composante irremplaçable de l'action politique (Bloch-Mannheim) mais aussi facteur de dédialectisation (Ruyer), et *b)* le « viol des foules par la propagande » auquel S. Tchakotine a autrefois consacré un ouvrage connu. Il existe d'ailleurs une similitude troublante entre la structure du monde propre de l'utopie et celle de la démagogie politique dotées l'une et l'autre d'une structure réifiée anhistorique et adialectique [44].

Les concepts de fausse conscience et d'effet pervers sont donc corollaires ; la fausse conscience apparaît souvent comme une méconnaissance d'effet pervers, c'est-à-dire comme résultat de la perception anhistorique et adialectique d'une réalité historique et dialectique. La corollarité de la dialectique, de la fausse conscience et de l'effet pervers apparaît avec une très grande netteté dans notre premier exemple, le racisme hitlérien ; elle ressort également de l'analyse de la conscience utopique résultant de la convergence des thèses de Mannheim, de Bloch et de Ruyer. Moins évidente dans d'autres cas, il appartient à des recherches monographiques de la mettre éventuellement en évidence. Disons en guise de conclusion, que si on admet avec R. Boudon que l'effet pervers est souvent — sinon toujours — la cause du changement social [45], on doit pouvoir en dire autant de la fausse conscience. L'histoire a-t-on dit « avance masquée » ; effet pervers et fausse conscience sont deux aspects du masque qu'elle porte lorsqu'elle avance et — surtout — lorsqu'elle recule.

## NOTES

1. N. GUTERMAN et H. LEFEBVRE, *La conscience mystifiée*, Paris, NRF, « Les Essais », 1936; réédité en 1979 aux Editions Sycomore, coll. « Les Arguments critiques ».

2. Georges LABICA, Pour une approche critique du concept d'idéologie, *Tiers Monde*, 1974, t. XV, p. 31 sq. Il convient de signaler cependant que le point de vue défendu dans l'article « Idéologie » du *Dictionnaire critique du marxisme*, publié sous la direction du même auteur, est beaucoup plus nuancé.

3. L. ALTHUSSER, *Réponse à John Lewis*, Paris, Maspero, 1973, p. 58.

4. Etienne BALIBAR, *Cinq études du matérialisme historique*, Paris, Maspero, 1974, p. 220 et 223.

5. Erwin ROZSNYAI, *Történelem ès fonàk tudat (Histoire et fausse conscience)*, Budapest, Ed. Magvetö, 1983.

6. Il s'agit surtout des travaux de Bela Fogarasi et Georges Nador. L'ouvrage de B. FOGARASI, *Marxizmus ès Logika (Marxisme et logique)* paru à Budapest en 1946 constitue en fait une analyse dialectique et critique des mécanismes logiques qui sous-tendent le processus d'idéologisation (chap. sur la « fausse identification »). Les publications de Georges Nador sont de 1953.

7. R. ARON, Science et conscience de la société, *Archives européennes de Sociologie*, 1960, n° 1, p. 15.

8. G. BALANDIER, *Anthropo-logiques*, Paris, PUF, 1974, p. 205.

9. Paru dans *Journal de Psychologie normale et pathologique*, juillet-septembre 1966.

10. Raymond BOUDON, *La place du désordre*, Paris, PUF, 1984.

11. R. Boudon, *Effet pervers et ordre social*, Paris, PUF, 1979.

12. R. Boudon, *La place du désordre*, p. 61.

13. R. Boudon, *Effet pervers*, p. 203.

14. Cf. à ce propos ma communication au Congrès international de Sociologie à Mexico (Racisme et aliénation), publiée dans *Praxis international*, janvier 1983.

15. Gabel, *La fausse conscience*, Paris, Ed. de Minuit, coll. « Arguments », 1962.

16. Le terme allemand beaucoup plus fort que le terme français renvoie à l'existence d'intérêts (égoïstes) inavoués et parfois inavouables dont la présence dans le champ intellectuel déforme la pensée.

17. Engels, Lettre à F. Mehring du 14 juillet 1983, in *Etudes philosophiques*, Paris, ESI, 1951, p. 139.

18. Dans la revue *Nature*, 1878 et 1879.

19. Marx, *Deutsche Ideologie* (*Frühschiften*, Landshut Verlag), p. 346 (en français dans *Œuvres philosophiques* (trad. Molitor), Paris, Ed. Costes, t. VI, p. 154).

20. J. Lacroix, *Le personnalisme comme anti-idéologie*, Paris, PUF, 1972. Il n'y a d'ailleurs aucune contradiction fondamentale entre notre interprétation et celle de J. Lacroix puisque l'idéologie est, en raison de son caractère réifiant, à la fois anti-historiciste et dépersonnalisante. L'idéologie raciste illustre bien cette corrélation. Chez un Eugène Dühring — l'un des pires racistes de toute l'histoire auquel la fameuse polémique d'Engels a conféré une immortalité imméritée —, Imre Hermann signale : « ... la référence aux animaux, l'assimilation de l'homme à l'animal, *l'ignorance délibérée des différences individuelles* » (Imre Hermann, *Psychologie de l'antisémitisme*, Paris, Editions de l'Eclat, 1986, p. 105, passage souligné par nous). Quant à l'anti-historicisme raciste, cf. note 23.

21. Robert A. Gorman, in *Biographical dictionary of neo-marxism*, Greenwood Press, 1985, p. 157.

22. Par exemple S. Giudicelli, Le concept de l'aliénation de la théorie à la pratique quotidienne. *L'information psychiatrique*, vol. 59, n° 7, septembre 1983, p. 933.

23. Parlant du darwinisme social (Ammon, Ratzenhoffer, Gumplowicz), diagnostiqué à juste titre par lui comme une forme de proto-racisme, Lukács constate qu'avec sa méthodologie pseudo-scientifique le darwinisme social supprime l'Histoire. (« Mit dieser angeblich naturwissenschaftlicher Methode hebt der soziale Darwinismus die Geschichte auf », *Die Zerstörung der Vernunft*, Berlin, 1955, p. 342.) Mais Lukács ne semble voir qu'un aspect du problème car le racisme est doublement anti-historiciste ; il dissout l'Histoire dans le biologique mais il nie également l'historicité créatrice de valeurs à l'échelle individuelle ; pour le raciste « un Nègre reste toujours un Nègre ». Un autre aspect de l'« anhistorisme individuel » est signalé par Adorno et coll. : les personnes vulnérables à l'égard de la propagande raciste (les *high scorers* selon la terminologie

d'Adorno) tendent à percevoir une coupure entre leur présent et leur passé, autrement dit elles se refusent d'organiser leur biographie personnelle en une totalité dialectique concrète (Adorno et coll., *The Authoritarian Personality*, New York, Harper, 1951, p. 440).

24. Colette GUILLAUMIN, Caractères spécifiques de l'idéologie raciste, *Cahiers internationaux de Sociologie*, vol. III, 1972, p. 265 sq.

25. ADORNO, *op. cit.*

26. Cf. la notion de « réification de la sexualité » due au psychanalyste autrichien Igor A. Caruso.

27. Cf. Albert SPEER, *Au cœur du III<sup>e</sup> Reich*, Paris, Fayard, 1971, p. 324.

28. Cf. entre autres témoignages, celui du doriotiste Victor Barthélemy (*Du communisme au fascisme. L'histoire d'un engagement politique*, Paris, Albin Michel, 1978, p. 272-273) qui relate une intervention de Jacques Doriot auprès d'A. Rosenberg, ministre chargé de l'administration des territoires occupés, destinée à l'amener à une attitude simplement plus politique à l'égard des populations slaves vivant sur ces territoires. Ce ne sont pas des sentiments humanitaires qui ont dicté la démarche de Doriot mais des considérations évidentes de rationalité stratégique. Cette intervention s'est soldée par un échec, heureusement pour le camp allié. Comme dans le cas des savants d'origine non aryenne, le racisme hitlérien a fait le jeu des adversaires du III<sup>e</sup> Reich. La valeur explicative en matière historique de la catégorie de fausse conscience n'est donc pas une vue de l'esprit.

29. G. GURVITCH, La crise de l'explication en sociologie, *La vocation actuelle de la sociologie*, Paris, PUF, 1969, p. 465.

30. Il ne saurait être question, dans le cadre restreint du présent travail, d'explorer en profondeur les incidences de la parenté existant entre la *dialectique de la totalité* telle qu'elle est envisagée par Lukács et Goldmann et la systémique contemporaine. Dans *Enquête sur les idées contemporaines* (Paris, Seuil, 1984, p. 90), J.-M. Domenach constate que « les fondateurs du système tel que nous l'entendons aujourd'hui sont... Marx et Cournot. Marx parce qu'il a conçu, le premier, la société comme un agencement complet où individus et forces productives se relaient et se transforment dans un "métabolisme général" (J.-L. Petit). L'inter-action des hommes et des structures réagit sur les idéologies, qui réagissent sur les conditions de production. Système dynamique, qui s'efforce d'intégrer la totalité, mais qui confie à un sujet collectif, le prolétariat, l'initiative du changement... ». L'essor actuel de la systémique est donc un aspect de ce « retour de la dialectique » auquel Henri Lefebvre a consacré récemment un essai portant ce titre (*Messidor*, Paris, Editions Sociales, 1986). Il est significatif que la *théorie de l'erreur* qui sous-tend la démarche systémique s'apparente dans une large mesure à la théorie de l'idéologie formulée par le « marxiste bourgeois » Karl Mannheim. Selon C.W. Churchman « la signification ultime de l'optique des systèmes est donc la création

d'une théorie de l'erreur, une meilleure compréhension des façons dont l'homme peut se tromper sur son monde et une interaction entre ces différents points de vue » et « l'optique de système commence quand vous voyez pour la première fois le monde à travers les yeux d'un autre » (C.W. Churchman, *Qu'est-ce que l'analyse par les systèmes ?*, Paris, Dunod, 1974, p. 210-211). Ceci renvoie sans équivoque possible à une suggestion souvent citée mais généralement mal comprise de Mannheim : l'Intelligentsia *sans attaches* jouirait, en raison précisément de son déracinement culturel, d'une situation privilégiée pour éviter les pièges de l'idéologisation, autrement dit pour échapper à la fausse conscience résultant de l'ontologisation illégitime d'une perspective historique partielle (le terme allemand *Verabsolutierung* désigne bien ce processus mais il est pratiquement intraduisible). La démarche systémique, tout comme celle de Mannheim, se dresse contre la dédialectisation de la pensée par les effets d'égocentrisme non dépassé, autrement dit contre ce que nous avons désigné plus haut par le terme d'« erreur structurelle ».

31. MARX, Préface à la *Contribution à la critique de l'économie politique*, in Karl MARX et Friedrich ENGELS, *Etudes philosophiques*, Paris, ESI, 1961, p. 73.

32. *Ideologie und Utopie*, éd. allemande de 1965, p. 53 (p. 7 de la 2ᵉ éd.). Ce passage important pour la perception globale de l'œuvre de Mannheim a été omis dans la traduction française.

33. Publié à Paris aux Editions du Seuil en 1973.

34. Paris, PUF, 1950.

35. R. BOUDON, *Effet pervers*, p. 23.

36. Il convient de signaler cependant que la construction à large échelle de logements ouvriers — qui joueront un rôle historique lors des événements de 1934 comme foyer de la résistance ouvrière — a quelque peu atténué les effets pervers du *Mieterschutz* qui a frappé, avant tout, les couches inférieures des classes moyennes.

37. L'idée centrale du sociologisme consiste à considérer la société comme une totalité (une *Gestalt*) ; cf. à ce propos Lukàcs, *Histoire et conscience de classe* (éd. franç.), p. 72. Or l'utilisation de la « catégorie dialectique de la totalité » est centrale dans la pensée de Lukács mais aussi chez Durkheim.

38. R. BOUDON, *Les méthodes en sociologie*, p. 29.

39. R. BOUDON, *Effet pervers*, p. 204.

40. *Ibid.*, p. 214-215.

41. C'est là que se situe peut-être le sens profond de la théorie citée de Mannheim ; les intellectuels « déracinés » sont précisément capables de regarder *à droite et à gauche* ce qui rend possible une vision totalisante de la réalité sociale alors que celle du spectateur « enraciné » (dans un nationalisme, une religion ou un parti) ne regarde que dans une seule direction ce qui conditionne une vision partielle (« hémiplégique » selon l'expression de R. Aron) et de ce fait idéologique et aliénante.

42. Eric FROMM, *Société aliénée et société saine*, Paris, Le Courrier du Livre, 1956, p. 41.

43. Peter L. BERGER et Th. LUCKMANN, *The social construction of reality*, New York, Anchor Books, 1967, p. 90.

44. Dans son article, Le mensonge politique, paru dans la revue *Esprit* (février 1952), J.-M. Domenach souligne — avec référence aux recherches en sociologie de la connaissance de l'auteur de ces lignes — l'importance de la réification dans les mécanismes du mensonge politique (art. cit., p. 167).

45. R. BOUDON, *Effet pervers*, p. 46 et *passim*.

# II

# LA CONSCIENCE BUREAUCRATIQUE

## (Bureaucratie et aliénation)

Que le phénomène bureaucratique soit essentiellement un phénomène de *réification*, le fait est assez évident pour pouvoir se passer de démonstration. Lukàcs l'a bien souligné dans *Histoire et Conscience de Classe* [1]. J. Israel interprète la théorie mertonienne de la bureaucratie en termes de réification [2] : j'ajouterai encore pour être complet que l'article *Bureaucratie* dans la dernière édition de la *Grande Encyclopédie Larousse* offre un encart spécial consacré à la réification. Cette constatation nous donne un bon point de départ en facilitant la recherche d'un dénominateur commun : a) avec le problème de l'aliénation dont les rapports avec la réification sont connus et b) avec la mentalité totalitaire [3]. Parmi les nombreux éléments réificationnels-schizophréniques de la conscience bureaucratique, nous nous bornerons ici à dégager les principaux :

1. *Le culte du secret bureaucratique* qu'il est permis de mettre en parallèle avec *l'autisme* de la nosologie psychiatrique [4]. Selon Max Weber, c'est la bureaucratie qui a inventé la notion de *secret professionnel* dont la vraie fonction serait idéologique : le maintien d'une situation privilégiée. Dans la *Révolte des Anges*, Anatole France brosse le portrait d'un bibliothécaire auteur d'un système de classement compliqué au point qu'il est seul à pouvoir s'en servir et S. Gyömrei évoque le cas de ces bureaucrates de l'ancienne Perse qui sont allés jusqu'à inventer une écriture secrète [5]. Plus près de nous, un phénomène analogue est signalé dans la vie des usines, par Michel Crozier [6]. Des formes plus discrètes de cette même technique s'observent quotidiennement. D'où un décalage entre la fonction apparente du secret professionnel, prétendument au service de la collectivité, et sa fonction latente qui vise à mettre le savoir au service d'un privilège social, ce qui explique l'orientation souvent anti-intellectualiste des mouvements anti-bureaucratiques, comme la Révolution Culturelle. Le secret professionnel bien gardé — autrement dit, le monopole des connaissances — assure cette paradoxale pérennité, signalée par Weber, de la bureaucratie à travers des systèmes sociaux différentes, voire opposés (utilisation de la bureaucratie tsariste par le gouvernement soviétique au cours des premières années de son existence) ; il confère aussi à la bureaucratie une singulière efficacité comme frein du changement social [7]. Les psychopathologistes d'autrefois parlaient d'un « autisme actif »; l'autisme bureaucratique, cristallisé par l'importance du secret, appartient sans doute aucun à cette dernière catégorie. D'où cette curieuse ambiguïté de la bureaucratie : efficacité réelle devant les tâches routinières et « générales » (et aussi, nous l'avons vu, dans la résistance au changement), inefficacité frappante *(disadjustment)* face au nouveau et à l'individuel. Pour certains auteurs comme

Weber [8], c'est efficacité qui domine la scène ; chez d'autres, comme Merton, c'est le *disadjustment*.

2. Ceci nous conduit à une deuxième caractéristique du phénomène bureaucratique : *le dogmatisme et le formalisme*. La psychologie des personnes attirées par l'existence bureaucratique est caractérisée par la coexistence — paradoxale en apparence — de deux dimensions contradictoires : besoin d'autorité et de prestige d'un côté, et recul devant des responsabilités, de l'autre. Le dogmatisme et la primauté accordée à la forme aux dépens du contenu, autorisent une gratification simultanée de cette double tendance : en sacralisant les formes, on leur confère une illusion de transcendance dont la pseudo-axiologie rejaillit sur l'agent ; d'autre part, l'observation dogmatique des règlements et l'attitude intellectuelle généralement dogmatique qui en découle, dégage la responsabilité du bureaucrate [9].

3. Il en résulte que l'esprit bureaucratique est étranger à la dialectique ; il est aussi profondément anti-historiciste. Le terme « il en résulte » pouvant prêter à critique, je ferai observer — sans pouvoir entrer ici dans les détails de la question — que le sentiment de responsabilité postule une perception dialectique et « historiciste » de la biographie propre qui voit le passé comme partie intégrante du présent, autrement dit, qui postule que la biographie est une totalité dialectique temporelle (mélodie vitale). De façon générale, la bureaucratie — tout comme le taylorisme — présente une prédilection pour le traitement « atomisant » des problèmes, ce qui fait perdre de vue la perspective de la totalité dialectique. Quant à l'anti-historicisme bureaucratique, il peut être soit une conséquence des origines puritaines de la bureaucratie moderne — pour la théologie calviniste, la Grâce est extra-historique — soit (ceci vaut surtout pour les bureaucraties socialistes), plonger des racines plus lointaines dans l'idéologie de cette société hydraulique décrite par

K.A. Wittfogel. Un ouvrage célèbre a pour titre la *Bureaucratie Céleste* [10] ; il me semble que *toute* bureaucratie est peu ou prou « céleste ».

4. D'où, enfin, une oscillation étrange entre le réel et le formel, le pseudo-transcendant et le quotidien. La conscience bureaucratique apparaît souvent sous l'aspect d'une conscience dissociée *(split-consciousness)* [11] et c'est là sans doute l'une des sources de ce comique bureaucratique que Courteline n'est pas seul à avoir exploité.

En effet, le bureaucrate — ou plus exactement, « le bureaucrate qui n'est que bureaucrate » est un *personnage comique* au sens bergsonien du terme. Les rapports de Bergson avec la dialectique ont été dans les milieux marxistes souvent objet de discussion : quelle que soit la position adoptée, il est certain que la théorie bergsonienne du comique — telle qu'elle apparaît dans son génial essai sur le *Rire* — est de pure inspiration dialectique. Le rire est pour Bergson une réaction de défense contre le « mécanisme », autrement dit, contre la réification [12]. En se moquant — et souvent de façon outrée — du bureaucrate, la société fait acte d'abréaction de son propre sentiment de culpabilité d'origine réification-nelle ; le rôle du bureaucrate en tant que bouc émissaire omnivalent n'est pas sans rappeler celui des Juifs. Le comique bureaucratique évoque d'ailleurs de près le *comique utopique* dû précisément à une perception réifiée de l'avenir historique (« avenir-chose » selon l'expression de Simone de Beauvoir). Car — R. Ruyer insiste opportunément sur ce point — *l'utopie est comique.* « Le caractère souvent comique — nous parlons ici d'un comique involontaire — de l'utopie a peut-être également son explication dans la confusion des normativités, surtout s'il est vrai que le comique naît de la projection maladroite d'un ordre de valeurs ou de significations sur un autre, dont la normativité est différente. Le phalanstère de Fourier est comique, les magistrats de Platon surveillant les accouplements des guerriers, sont comiques. Comiques aussi les repas en commun avec lecture pieuse de Thomas Morus ou les uniformes des Salentins, ou le « Pape » de la théorie scientifique des Saint-Simoniens, ou le prêtre positiviste du Catéchisme de Comte, ou les auteurs censurés et « chapitrés par deux vertueux citoyens » de Mercier ou les ateliers pour gens de lettres de Cabet » [13]. La conscience utopique et la conscience bureaucratique sont d'ailleurs cousines : si les projets utopiques ne prévoient pas systématiquement une couche bureaucratique bien délimitée — la classe des philosophes qui gouvernent la République platonicienne peut-elle être considérée comme telle ? — l'esprit de la bureaucratie avec ses réglementations infinies, son aspect dépersonnalisant et pour tout dire inhumain, est proche de l'esprit de l'utopie dans la pire acception de ce terme.

Aussi bien, la bureaucratie est-elle parfaitement à l'aise dans les contextes déshumanisants et dépersonnalisants, donc, en tout premier lieu, en milieu concentrationnaire ; si le totalitarisme ignore le rire, technique de déréification selon Bergson, il s'accommode pour cette même raison de la réification bureaucratique qui répond parfaitement à sa nature profonde. L'univers concentrationnaire (nazi et/ou autre) peut être considéré dans un certain sens comme le paradis de la bureaucratie qui peut y déployer son essence propre sans risquer de se heurter à la résistance du vivant. Elle y est libre d'élaborer dans une pureté idéal-typique sa logique, son esthétique et sa morale propres [14] ; elle y jouit de toute latitude pour se parer à la fois d'autorité indiscutée et d'irresponsabilité absolue. L'attitude du nazisme à l'égard de la bureaucratie a été marquée par une ambiguïté fondamentale. D'un côté, l'Etat national-socialiste s'est trouvé acculé à recourir aux services de la vieille bureaucratie civile et militaire prussienne ; or cette dernière — modèle des travaux de Max Weber — aura été avant tout, une bureaucratie rationaliste. Mais d'autre part, le nazisme a développé sa propre « bureaucratie de propagande et de terreur » au service de l'irrationalité collective [15]. La synthèse de ces deux

bureaucraties a constitué, selon F.S. Burin, l'un des défis
majeurs rencontrés par le régime de Hitler ; cet auteur estime
qu'il a été maîtrisé avec succès. Rien n'est moins sûr. La
bureaucratie de l'irrationalité nazie — et je ne pense pas ici
uniquement à la bureaucratie concentrationnaire — a cristallisé une véritable conduite d'échec ; non seulement elle a
privé l'appareil militaire de concours scientifiques valables,
mais elle a aussi consacré un effort et des moyens matériels
immenses à des tâches délirantes sans le moindre rapport
avec l'effort de guerre, pour aboutir en fin de compte à
creuser davantage le fossé séparant la vieille bureaucratie
militaire prussienne et la nouvelle « bureaucratie de propagande et de terreur » [16]. On saisit sur le vif la différence
entre *efficacité* et *rationalité*, différence un peu scotomisée dans
la démarche wébérienne. Sur le plan de l'efficacité, la bureaucratie nazie n'avait de leçon à recevoir de personne. Comparé
au génocide juif, le génocide arménien de 1915 a toutes les
apparences d'un travail artisanal. Mais, pour indiscutable
qu'elle soit, cette efficacité ne s'inscrit pas dans une rationalité
d'ensemble (nous retrouvons ici l'importance de la catégorie
de la totalité) car loin de favoriser la victoire finale elle l'a,
au contraire, rendue plus aléatoire.

Nous avons tenté d'élaborer un type idéal de la conscience
bureaucratique, type idéal caractérisé par le goût du secret
(autisme collectif), le rejet de l'historicisme et de la dialectique,
l'anti-humanisme et aussi, par une curieuse ambivalence :
efficacité et désadaptation. Ce « type idéal » correspond d'assez près à celui que l'on peut dresser de la « conscience
stalinienne » [17]. Il est tentant d'établir une relation de compréhension entre les deux qui peut, à son tour, être interprétée
comme une relation de causalité sociologique ; c'est ainsi qu'a
procédé Max Weber en élaborant sa fameuse théorie du rôle
de l'éthique protestante dans les origines du capitalisme [18].
Ce point de vue est celui de L. Kofler [19] pour qui la mentalité
stalinienne est pratiquement la variante russe de la mentalité

bureaucratique. Tout en reconnaissant la valeur de ce remarquable ouvrage, il importe de nuancer ces vues. Nous avons des arguments pour et des arguments contre.

Argument pour : le maoïsme aura été une pratique politique nullement moins autoritaire que le stalinisme mais à la différence de ce dernier, il a comporté une dimension anti-bureaucratique, particulièrement apparente au cours de la Révolution Culturelle, mais sans doute pré-existante à cette dernière. Cette tendance a été reprise par les dirigeants de la révolution cambodgienne qui ont essayé, à leur tour, d'édifier un système social soi-disant égalitaire, sans recourir aux services de ce « roi moderne, le scribe » [20] ; on sait avec quel résultat. Or, il y a un fait curieux qui mériterait d'être creusé : le rejet rigide de la dialectique, caractéristique de la vie intellectuelle marxiste sous Staline [21], semble à première vue absent dans les superstructures de la Révolution Culturelle ; ainsi, la psychanalyse censurée sous le stalinisme essentiellement en raison de son caractère dialectique, ne semble pas avoir rencontré la même résistance en Chine. Il me semble — j'ai développé cette thèse ailleurs avec davantage de détails [22] — que le but implicite de la Révolution Culturelle aura été l'élimination de la « bureaucratie moyenne » et l'instauration d'une société pseudo-égalitaire sans aucune courroie de transmission sociale entre une élite dirigeante privilégiée numériquement très restreinte, et une masse au niveau de vie homogénéisé. Le modèle de société qui soustendait la politique de Pol-Pot et de ses partisans a dû être pratiquement le même. L'échec de cette double tentative utopique — échec de la « bande des Quatre » en Chine, défaite militaire des Khmers rouges — s'est soldé par quelques millions de morts et la politique chinoise semble à l'heure actuelle dominée par un projet social plus proche du modèle soviétique : l'antagonisme sino-soviétique persistant est concurrentiel plutôt qu'idéologique. Il faut se garder néanmoins de toute analogie hâtive : le post-stalinisme est caractérisé par une persistance ou tout au moins par un léger recul du pouvoir bureaucratique en URSS ; le post-maoïsme peut parfaitement signifier un retour en force de la « bureaucratie moyenne » ; ce serait donc là un véritable processus de *rebureaucratisation*. Il sera intéressant de suivre l'évolution des superstructures de la Chine démaoïsée. La réapparition de phénomènes de réification serait riche d'enseignements généralisables ; elle signifierait qu'en Chine et ailleurs, la bureaucratie est réellement la première responsable de l'aliénation des consciences.

D'autres considérations plaident, en revanche, contre l'utilisation trop rapide de l'indiscutable parallélisme existant entre la conscience bureaucratique et la conscience stalinienne qui aboutit à rendre la bureaucratie seule responsable de l'apparition historique du phénomène stalinien. Il est, en effet, loisible d'incriminer au moins trois autres facteurs dont l'un spécifiquement russe : a) l'influence du mode de production asiatique, transmise par les Mongols ; b) le facteur égocentrique et c) le facteur utopique. Sur le premier, tout, ou presque tout, a été dit par Wittfogel. Les deux autres méritent par contre un examen — ou un ré-examen — rapide.

### Le facteur égocentrique

En concentrant sur la seule Russie soviétique tous les espoirs liés à la construction du socialisme, la pensée politique communiste de l'époque stalinienne est tombée dans le piège d'un égocentrisme collectif devant aboutir à des structures proches de celles de la pensée enfantine. En vertu de cette hypothèse, le dégel idéologique post-stalinien serait, avant tout, dû à l'apparition dans le monde de centres concurrents d'édification socialiste et non point à une quelconque diminution de l'influence idéologique de la bureaucratie.

### Le facteur utopique

La présence d'une dimension utopique au sein de l'idéologie stalinienne a pu, de son côté, jouer un certain rôle. L'utopisme est facteur de réification [23] dans la mesure où il postule l'arrêt de l'Histoire et l'Utopie marxiste ne fait pas exception à cette règle (cf. la théorie marxienne de la fin de la préhistoire). La mentalité stalinienne — c'est-à-dire, la superstructure du « phénomène stalinien » pour employer le terme de J. Ellenstein — est sans doute le résultat historique de la convergence de ces quatre facteurs (facteur bureaucratique, tradition « asiatique », utopisme et égocentrisme) sans qu'il soit possible actuellement de délimiter avec exactitude la part respective de chacun de ces facteurs. Et pourtant, la possibilité de bâtir un socialisme à visage humain dépend largement de la réponse que donnera l'Histoire à cette question.

## NOTES

1. LUKACS, *Histoire et conscience de classe*, Paris, 1960, p. 127 et suiv.

2. « L'analyse que fait Merton de la bureaucratie... peut être traduite dans les termes de la théorie de la réification. L'organisation d'un système social est altérée de telle sorte que ce qui était un moyen devient un but autonome. La "ritualisation" dans une organisation bureaucratique est un exemple de ce processus ainsi que le "déplacement de but" dont parle Etzioni. » J. ISRAEL, *L'aliénation de Marx à la sociologie contemporaine*, Paris, Anthropos, 1972, p. 99-100. Cf. du même auteur un exposé (inédit) au Congrès d'Upsal (1978), *Reification and bureaucracy*.

3. Cette théorie de la structure schizophrénique de l'aliénation politique que je crois avoir été le premier à développer systématiquement dans *La Fausse conscience*, tend à devenir un lieu commun. Cf., entre beaucoup d'autres, l'article de L. Pauwels : *La schizophrénie nationale* (Le Figaro, 11-3-1978), l'article de E. Le Roy Ladurie : *Totalitarisme et schizophrénie*, à propos d'un récent ouvrage d'E. Todd (Le Monde, 20-2-79).

4. Autisme = « polarisation de toute la vie mentale d'un sujet sur son monde intérieur et perte de contact avec le monde extérieur » (Th. Kammerer). La langue espagnole possède un terme admirable pour désigner l'autisme : *ensimismado*.

5. Cf. S. GYÖMREI, A bürokràcia, *Szàzadunk* (Notre siècle), Budapest, 1927, n° 3, p. 144. Malheureusement on ne trouve aucune référence historique précise dans cet article.

6. « Ils (les ouvriers d'entretien) cherchent avant tout à prévenir l'ingérence d'un autre groupe ou d'une autorité quelconque dans le domaine qui est sous leur contrôle. Pour y parvenir, ils font bloc pour rendre absolument impossible aux ouvriers de production et aux chefs d'atelier de s'occuper, d'une façon ou de l'autre, d'entretien. Nous avons cité le cas de ce chef d'atelier qui malgré sa compétence et la justesse évidente de son point de vue s'est vu retirer le droit de porter un jugement défavorable sur un ouvrier d'entretien. La même barrière existe pour les ouvriers de production. La seule offense impardonnable qu'ils pourraient commettre à l'égard des ouvriers d'entretien serait de prétendre effectuer eux-mêmes des réglages sur leur machine. *Les problèmes d'entretien et de réparation doivent demeurer secrets.* Aucune explication n'est jamais donnée. Il est entendu que ni les ouvriers de production ni les chefs d'atelier ne doivent être en mesure de comprendre et que le travail est assuré par un ensemble de recettes empiriques. Les ouvriers d'entretien ont réussi à faire disparaître des ateliers les plans de machines et les notices d'entretien et à faire accepter que toute la politique de l'entretien repose sur des réglages individuels. Ces réglages individuels, est-il besoin de l'ajouter, seuls les ouvriers d'entretien les connaissent. » (Michel CROZIER, *Le phénomène bureaucratique*, Paris, Seuil, 1963, p. 190, passage souligné par nous :)

7. Gyömrei (Art. cit. p. 144) rappelle que les efforts d'un Frédéric le Grand pour supprimer le servage ont échoué face à la résistance passive de la bureaucratie prussienne qui pourtant n'avait aucun intérêt à son maintien.

8. Max Weber attribue les succès de l'armée puritaine sous Cromwell à sa forte bureaucratisation : « Weber cites the victory of the Puritans under the leadership of Cromwell over the Cavaliers, who fought more heroically but with less discipline, as an illustration of the superior effectiveness of a bureaucratized army. » (Peter M. BLAU et Marshall W. MEYER, *Bureaucracy in modern society*, New York, Random House, 1956-1971, p. 27 (2ᵉ édition). Mais l'efficacité de l'armée israélienne est due sans doute à *son faible degré* de bureaucratisation.

9. Voici un exemple pittoresque du formalisme bureaucratique. Le passager d'un autobus écoute les nouvelle sur son petit transistor *pourvu d'un casque.* Intervention du conducteur : « Les transistors sont interdits en public. » Le passager n'a pas réussi à expliquer que cette interdiction ne pouvait pas viser les appareils fonctionnant avec un casque qui ne dérangent personne (Scène vécue).

10. Etienne BALAZS, *La bureaucratie céleste*, Paris, Gallimard, 1968.

11. Voici un exemple également assez pittoresque de *split-consciousness* bureaucratique. Un contribuable est locataire dans la

ville P... où il est assujetti aux impôts locaux (Taxe d'habitation). Il achète un appartement dans la ville A... et abandonne complètement son logement précédent. La perception de P... continue à lui réclamer ses taxes. Exaspéré, il suggère à la perception de saisir son mobilier (inexistant) de P... Réponse de la perception : « Non *c'est votre mobilier d'A...* qui sera saisi. » La réalité bureaucratique (autiste) est « contaminée » par la réalité objective.

12. Le terme même de « réification » n'apparaît pas chez Bergson, mais l'idée y est.

13. R. RUYER, *L'Utopie et les utopies*, Paris, 1950, p. 107.

14. Un médecin déporté a raconté l'histoire suivante : employé comme secrétaire auprès de l'un des médecins nazis de ce camp, il a réussi à établir avec le monstre des relations semi-courtoises qu'il essayait d'exploiter dans l'intérêt de ses compagnons d'infortune. Un jour, par inadvertance, il salit l'un des dossiers de son « patron ». Reproche de ce dernier : « Comment pouvez-vous salir ce dossier que *j'ai préparé avec tant d'amour* ». Le dossier préparé « avec tant d'amour » portait, bien entendu, sur ses expériences criminelles.

15. Frédéric S. BURIN, Bureaucracy and national socialism. A reconsideration of weberian theory, in R.K. MERTON et al., *Reader in Bureaucracy*, New York, the Free Press, 1952, p. 38 et passim.

16. L'organisation des fameux « haras humains » *(Lebensborn)* relève à la fois du bureaucratisme et de l'utopisme dans sa forme la plus atroce. Elle relevait aussi d'une véritable activité délirante et eut comme résultat de tendre les relations entre le parti nazi et certains milieux militaires.

17. Je désigne par ce terme : la conscience communiste sous le stalinisme.

18. Weber « explique » le capitalisme par le parallélisme de deux « structures », celle du comportement de l'entrepreneur capitaliste et celle de la mentalité puritaine, et R. Boudon de souligner que « ce parallélisme est interprété par Weber de manière causale » (R. BOUDON, *Les méthodes en sociologie*, Coll. « Que sais-je », Paris, 1969, p. 102). La marche du raisonnement est donc la suivante : 1) Etablissement de deux « types idéaux » ; 2) mise en évidence d'une relation de compréhension et 3) causalisation de cette relation. Le même procédé est pratiquable quant au « type idéal » du comportement bureaucratique et à celui de la mentalité stalinienne avec, comme résultat, de charger la bureaucratie soviétique d'une responsabilité intégrale quant aux origines du stalinisme. Mais dans le même petit livre, Boudon souligne aussi les limites de la méthode compréhensive (*op. cit.*, p. 18-21). Au-delà de la constatation de l'existence d'une homologie structurelle entre l'univers propre réifié de la bureaucratie et celui du stalinisme se pose la question si la réification du second ne peut être expliquée par d'autres facteurs comme l'égocentrisme, l'utopisme et la tradition « asiatique ».

19. Léo KOFLER, *Stalinismus und Bürokratie*, Neuwied-Berlin, Luchterhand, 1970.

20. Expression de J. MORICE, *Cambodge, du sourire à l'horreur*, 1977, p. 413.

21. Selon Kofler (*op. cit.*, p. 86-87), les trois traits principaux de l'idéologie stalinienne sont : a) le rejet de la dialectique, b) l'économisme vulgaire et c) le rejet de l'humanisme marxiste.

22. Dans *Idéologies* II, Paris, Anthropos, 1978.

23. Pour ce qui concerne ce côté réifiant de l'utopie, cf. l'ouvrage de J.-J. WUNENBURGER, *L'Utopie ou la crise de l'imaginaire*, Paris, Ed. univ., 1979, et en particulier le sous-chapitre « Le rationalisme morbide », p. 181 sq.

# III

# LE CONCEPT DE L'UTOPIE *

## Recherche d'une définition

L'homme a toujours cherché à connaître l'avenir de son espèce et à le maîtriser. La tendance utopique est donc une dimension de son humanité, et, parmi les innombrables définitions possibles de l'homme, celle d'« animal utopicum » n'est sans doute pas la plus mauvaise. C'est peut-être aussi l'un des critères distinctifs entre le « civilisé » et ceux qu'à l'époque de Levy-Bruhl on avait le tort de désigner par le terme de *primitifs*. Chose curieuse, l'épithète d'*utopiste*, porteur d'une partie de la dignité de l'homme et de l'autosatisfaction du civilisé, apparaît de prime abord chargé d'une connotation péjorative ou, à tout le moins, ironique : traiter quelqu'un

---

* Paru dans la Grande Encyclopédie Larousse et repris dans ce volume avec l'aimable autorisation des Editions Larousse.

d'utopiste n'a, on le sait, rien d'un compliment. Nous avons là une leçon de modestie inscrite dans les structures du langage. Or, cette ambiguïté n'est pas la conséquence d'une définition boiteuse visant une donnée mal délimitée ou peu homogène ; elle traduit l'essence d'une donnée anthropologique à cheval sur la psychologie individuelle et l'historicité de l'espèce. L'homme *historique* vise volontiers l'infini, l'impossible : voilà un aspect de son humanité; mais l'homme *individuel*, qui poursuit systématiquement l'impossible, risque de se trouver sur le chemin de la folie.

Pour François Laplantine, l'utopie est « la construction mathématique, logique et rigoureuse d'une cité parfaite soumise aux impératifs d'une *planification absolue* qui a tout prévu d'avance et ne tolère pas la moindre faille et la moindre remise en question. L'utopie est synonyme de totalitarisme. Le diagnostic ethnopsychiatrique qui peut être porté sur l'utopie est celui du rationalisme dévitalisant, de l'aptitude morbide à la stéréotypie et à l'abstraction et de la schizophrénie politique » (*Les Trois Voix de l'imaginaire*, 1974). Jugement sévère, mais partiellement mérité, encore que l'assimilation de l'*utopie* au *totalitarisme* ne soit pas sans soulever des difficultés. En effet, le totalitarisme *existe* ; cette assimilation ampute donc la définition de l'utopie d'un critère essentiel et risque d'aboutir à une absorption, sans réciprocité, du premier concept par le second. De plus, l'utopie n'est pas uniquement projet déréaliste ; elle est aussi, d'après Ernst Bloch, principe d'espoir et ferment d'action. Sans la recherche « utopique » de la pierre philosophale nous n'aurions peut-être jamais eu la chimie moderne. Le titre d'un ouvrage de René Dumont (*L'Utopie ou la Mort*, 1973) reflète bien cette « ambiguïté dynamique » de l'utopie, qui n'est pas sans rappeler la dialectique de l'être absolu et du néant absolu chez Hegel, se résolvant dans le devenir ; il faut parfois savoir vouloir l'impossible libérateur pour échapper à la certitude résignée.

Dans « l'Utopie ou la Raison dans l'imaginaire » (*Esprit*, avr. 1974), Jean-Marie Domenach dresse la liste non close des gloses antithétiques qui, au cours des siècles, se sont accumulées au sujet de l'utopie.

Dans la mesure où l'ambiguïté ainsi décrite constitue précisément l'essence même de l'utopie, on peut ne pas être d'accord avec la conclusion de Domenach : « Il n'existe pas une essence de l'utopie. »

C'est donc en fonction de cette ambiguïté fondamentale de l'utopie que l'on tentera de définir ce concept par rapport à l'idéologie, au messianisme (v. Millénarisme), à la contre-utopie et à la futurologie. Reprenant une suggestion termi-nologique formulée il y a longtemps (1946) par l'auteur de ces lignes, on peut distinguer un concept *subréaliste* de l'utopie (rêve autiste visant un but irréalisable) de son concept *surréaliste* (ferment d'action et principe d'espoir). Mais il s'agit là de deux dimensions à la fois complémentaires et contra-dictoires d'une totalité dialectique unique, sinon homogène.

## *« Idéologie et utopie »*

C'est le titre d'un ouvrage célèbre de Karl Mannheim (1893-1947) paru en Allemagne en 1929. Dans l'ambiance intellectuelle chargée de tension des dernières années de la république de Weimar, la publication de cet ouvrage a été un événement. Une traduction tronquée et peu fidèle l'a privé en France et dans les pays anglo-saxons de l'audience qu'il aurait méritée.

Mannheim voit la parenté de l'utopie et de l'idéologie dans le fait que celles-ci sont l'une et l'autre *transcendantes à l'être*. De plus, elles sont l'une comme l'autre tributaires d'une *conscience fausse*. Cette notion de fausse conscience utopique est importante, mais elle est aussi source de difficultés. La différence entre idéologie et utopie réside, selon Mannheim, dans le fait que l'idéologie est investie d'une fonction conservatrice, alors que l'utopie serait plutôt révolutionnaire. Ainsi, Mannheim tombe dans l'erreur diamétralement opposée à celle que l'on a cru pouvoir critiquer dans l'ouvrage de François Laplantine : il ne voit que l'aspect positif, surréaliste (« historiogène ») de l'utopie et néglige son aspect artificiel et dévitalisant.

Mais, dans l'optique de cette conception, la notion de *fausse conscience utopique* risque de ne signifier plus grand-chose, alors qu'elle se recoupe spontanément avec celle de *schizophrénie politique* signalée par François Laplantine. En effet, l'utopie selon Mannheim, nous apparaît comme un facteur de dés-aliénation plutôt que comme un facteur d'aliénation.

*Utopie et messianisme*

Le messianisme peut être défini comme la « riposte contre-acculturative » d'une société traditionnelle qui trans-forme son désespoir en espoir grâce à l'insertion dans une structure religieuse ; c'est une « logique de l'attente » fondée sur l'espoir millénariste. Dans l'optique de ce que l'on a désigné par l'expression *concept subréaliste de l'utopie*, le mes-sianisme est l'opposé de l'utopie. Tous deux s'opposent l'un à l'autre comme la vie s'oppose à la mort. Une fois de plus, il convient de nuancer. Les recherches de Georges Devereux montrent les implications psychopathologiques de l'attente messianique. Messianisme et utopie ont en commun leur « blocage délirant de la fonction temporelle et historico-conflictuelle de notre expérience » *(Les Trois Voix de l'imagi-naire)*. Dans l'optique d'un concept global de l'utopie (embras-sant à la fois ses aspects négatifs et ses aspects positifs), la différence entre utopie et messianisme s'estompe : l'utopie peut être considérée comme le messianisme des contextes évolués ; le messianisme comme l'utopie des contextes archaïques et post-archaïques.

*La contre-utopie*

La contre-utopie est un genre intéressant, mais dont la définition n'est pas non plus exempte d'équivoque. Si l'on réserve le qualificatif d'*utopie* aux seules constructions dévitalisantes et dépersonnalisantes, alors tout projet fondé sur la liberté mérite le qualificatif de *contre-utopie*, non seulement l'abbaye de Thélème, mais aussi les projets d'un Fourier, voire d'un Thomas More. Même du point de vue purement philologique, le terme d'*anti-utopie* semblerait plus adéquat ici. Il faut, en tout cas, distinguer ces projets optimistes, qui expriment peut-être la nostalgie de la cité traditionnelle, de ces tableaux plus sombres, qui veulent être à la fois une caricature et une mise en garde, comme *1984* de George Orwell. C'est à ces derniers qu'on peut réserver le terme de *contre-utopie*.

La contre-utopie est intéressante à plusieurs titres. En tant que caricature, elle accentue les traits schizophréniques normaux des constructions utopiques : rationalisme morbide (réification), anhistorisme, planisme. Elle est une critique de l'avenir, comme l'utopie normale est celle du présent. C'est l'expression d'une antinostalgie. Paraphrasant le terme de Mannheim, difficile à traduire, de *seinssprengend*, disons que la contre-utopie est *zukunftsprengend* (fait éclater l'avenir). Si l'utopiste est souvent un fanatique, le contre-utopiste est avant tout un lucide. L'utopie ressortit à une forme de fausse conscience ; la contre-utopie est, quant à elle, toujours tributaire d'une volonté de démystification (désaliénation). Tout oppose donc l'utopiste au contre-utopiste, sauf le fait purement formel de décrire une société imaginaire. Enfin, dans la mesure où cette description s'appuie sur une analyse scientifique des tendances objectives — c'est le cas de *1984*, qui contient tout un chapitre de très authentique sociologie politique —, la contre-utopie devient synonyme de *futurologie*.

*Utopie et futurologie*

La futurologie est une discipline jeune et, de ce fait, encore dépourvue de statut précis. En principe, ses limites du côté de l'utopie sont clairement définies, et le danger de confusion est minime. L'utopie est l'expression d'un espoir ou d'une crainte ; la futurologie s'appuie sur la constatation d'une tendance. Elle tend, de nos jours, à s'articuler avec l'écologie et fait siens, avec une urgence accrue, certaines thèmes du vieux pessimisme culturel. Nous avons vu cependant la futurologie coïncider avec la contre-utopie, lorsque cette dernière prétend s'appuyer sur une analyse tendancielle objective. Un ouvrage comme celui de René Dumont, que son titre classerait parmi les utopies, ressortit au moins autant à une futurologie pessimiste. L'une des questions vitales du marxisme contemporain est peut-être la part respective des composantes utopiques et futurologiques dans ses prévisions. On se demande, en effet, si en sous-estimant l'importance du facteur écologique — notamment dans la polémique contre Malthus —, Marx ne s'est pas classé dans une certaine mesure parmi les utopistes.

On voit donc toute la difficulté d'aboutir à une définition satisfaisante. La formule qui tienne le mieux compte de l'ambiguïté du concept — ambiguïté due à sa situation à cheval sur la sociologie et la psychologie — est peut-être la suivante : l'utopisme est une donnée psychosociologique traduisant cette tendance « faustienne » de l'homme qui consiste à vouloir transcender les limites du possible (un « jeu avec des possibles latéraux », selon l'expression de Raymond Ruyer). A l'échelle individuelle, il est souvent un facteur de désadaptation ; à l'échelle historique, il est, semble-t-il, facteur de progrès. Cette situation n'est pas sans rappeler celle de la déviance : un déviant individuel se marginalise par rapport à son milieu ; une société sans déviance — l'Empire inca en offre un exemple historique presque parfait — risque d'être une société bloquée.

*Esquisse d'une typologie historique*

On proposera la typologie provisoire suivante : 1° utopie aristocratique (Platon) ; 2° utopie humaniste-socialiste (Thomas More) ; 3° utopie ferment d'action historique (Saint-Simon) ; 4° utopie démystificatrice (Fourier); 5° contre-utopie (George Orwell) ; 6° utopies réalisées (Etat des Jésuites au Paraguay, Empire inca). Cette typologie offre aussi une esquisse historique qui, dans les cadres restreints du présent article, ne peut être que sommaire.

*Platon ou l'utopie aristocratique*

L'utopie platonicienne, selon Ernst Bloch, n'est guère que « le rêve de l'Etat dorien » (Sparte) et est « à la fois profondément pensée et essentiellement réactionnaire » (*Freiheit und Ordnung. Abriss der Sozial-Utopien*, 1946). Le modèle avoué de l'auteur de *la République* a été la psychologie humaine telle qu'on la concevait à l'époque. Le schéma platonicien n'est, après tout, pas tellement éloigné des premiers schémas freudiens, et sa référence historique réelle est sans doute cette Sparte victorieuse qui exerçait sur les esprits de l'époque une fascination qui n'est pas sans rappeler le pronazisme de certains milieux intellectuels occidentaux aux heures de gloire de Hitler. L'extrême tension de classes en Attique après la défaite éveille un besoin d'autorité ; la triomphante République dorienne offre un modèle politique. Selon Raymond Ruyer (*l'Utopie et les Utopies*, 1950), Platon n'est peut-être pas un utopiste conscient ; pour le père de l'idéalisme, « *la République* est l'Etat vrai de même que le triangle du géomètre est le triangle vrai [...] ». Mais elle a « les caractères internes de l'utopie [...] dirigisme, ascétisme, absence d'une technique de réalisation, académisme, statisme ». L'utopie platonicienne

— dit encore Ruyer — n'est pas *humaniste*, mais *théologienne*.
Platon, penseur politique, reste un aristocrate et un idéaliste.

*L'utopie libérale et humanitaire de Thomas More*

Elle échappe à la critique précédente. Le chancelier
d'Henri VIII est un sociologue, presque un matérialiste historique. Aucun sociologue marxiste ou durkheimien ne saurait
récuser son analyse brillante des causes de criminalité. Comme
criminologue, cet homme du XVIᵉ s. est infiniment plus
moderne qu'un Lombroso, sans parler de ces constitution-
nalistes allemands (Lange-Eichbaum, etc.), dont le racisme
aura tiré tant de profit. Aucun marxiste ne récuserait non
plus sa démonstration de la possibilité d'une journée de
travail de six heures, alors qu'un Robert Owen, au début
du XIXᵉ s., n'ose pas aller en deçà d'une journée de travail
de dix heures. Aussi bien Thomas More est-il adopté par
un certain marxisme contemporain comme un « classique du
peuple » ; sa vie héroïque n'est certes pas étrangère à cette
adoption. Mais la lucidité est parfois un don dangereux. Que
penser de la *permanence de l'esclavage* dans l'utopie (cet esclavage
est alimenté par la criminalité, mais aussi par les guerres) ?
Que penser de la distinction empruntée à saint Thomas
d'Aquin entre *guerres justes* et *guerres injustes* (les premières
n'étant pas obligatoirement et par définition des guerres
défensives), distinction qui sera reprise de nos jours par des
idéologies en principe peu tributaires de la tradition thomiste ?
Que penser surtout de l'étrange éthique guerrière des uto-
piens ? Ceux-ci n'ignorent rien — sauf le nom — de l'utilité
des cinquièmes colonnes et de l'usage de la cavalerie de
Saint-Georges. « Ils récompensent de la plus généreuse gratitude ceux qu'ils poussent au milieu des dangers de la
trahison ; et ils ont soin que la grandeur du péril soit largement
compensée par la magnificence du bienfait. C'est pourquoi
ils promettent aux traîtres non seulement d'immenses sommes
d'argent, mais encore la propriété perpétuelle de terres d'un
gros revenu, situées en lieu sûr chez leurs alliés. Et ils tiennent

fidèlement parole [...] Jamais ils ne maltraitent un homme sans armes, à moins qu'il ne soit espion. Ils conservent les villes qui se rendent et ne livrent pas au pillage celles qu'ils prennent d'assaut. Seulement, ils tuent les principaux chefs qui ont mis obstacle à la reddition de la place, et ils condamnent à l'esclavage le reste de ceux qui ont soutenu le siège. Quant à la foule, indifférente et paisible, il ne lui est fait aucun mal. S'ils apprennent qu'un ou plusieurs assiégés *aient conseillé la capitulation, ils leurs donnent une part des biens des condamnés; l'autre part est pour les troupes auxiliaires.* Eux ne prennent rien du butin. » Passage étrange ! Le Moyen Age encore tout proche n'appréciait pas tellement le traître et il honorait le chef ennemi captif ; le modernisme de Thomas More nous choque, et l'on hésite à lui délivrer un brevet de progrès. Que penser enfin de son étrange justification du colonialisme ? « La colonie se gouverne d'après les lois utopiennes et appelle à soi les naturels qui veulent partager ses travaux et son genre de vie. Si les colons rencontrent un peuple qui accepte leurs institutions et leurs mœurs, ils forment avec lui une même communauté sociale, et cette union est profitable à tous. Car, en vivant tous ainsi à l'utopienne, ils font qu'une terre, autrefois ingrate et stérile pour un peuple, devient productive et féconde pour deux peuples à la fois. Mais, si les colons rencontrent une nation qui repousse les lois de l'Utopie, ils chassent cette nation de l'étendue du pays qu'ils veulent coloniser et, s'il le faut, ils emploient la force des armes. Dans leurs principes, la guerre la plus juste et la plus raisonnable est celle que l'on fait à un peuple qui possède d'immenses terrains en friche et qui les garde comme du vide et du néant, surtout quand ce peuple en interdit la possession et l'usage à ceux qui viennent y travailler et s'y nourrir, suivant le droit impres- criptible de la nature. » L'utopiste vire ici au futurologue ; la justesse de certaines de ces prévisions donne le frisson. Face à une telle lucidité, ce sont Marx et Engels qui, malgré leur immense appareillage scientifique, font figure d'utopistes naïfs.

### Saint-Simon et l'utopie active

Certaines utopies, tout en visant un but irréalisable, ont puissamment contribué au progrès social ou scientifique, un peu en vertu du mécanisme décrit dans la fameuse fable du laboureur et ses enfants. Cette catégorie est assez importante pour être personnalisée ; on pourrait l'appeler *utopie historiogène* en utilisant un néologisme peu esthétique mais utile, conçu selon le modèle de *pathogène*.

C'est dans ce sens que le saint-simonisme peut être qualifié d'utopie. Les saint-simoniens attendaient du progrès des techniques et des sciences la solution des grands problèmes de l'humanité. Nous dirions, aujourd'hui, qu'ils croyaient en la vertu désaliénante de la technologie. Cet espoir se révéla utopique, mais cette utopie n'en a pas moins donné une impulsion à l'industrie. Le marxisme, qui s'est distancé du saint-simonisme après en avoir reçu de nombreuses et importantes suggestions, s'en est rapproché de nouveau sous Lénine et ses successeurs ; il en est de même de nombreux leaders politiques du tiers monde. « Au temps de l'atome nous sommes tous plus ou moins des saint-simoniens », dit François Perroux.

### Fourier et l'utopie de démystification

On hésite à classer Fourier dans la même catégorie ; l'intérêt et la séduction de sa personne et de son œuvre se situent ailleurs. Le modèle qu'il propose pour le changement social est un modèle irréalisable, entaché de ce géométrisme et rationalisme (morbides) caractéristiques des constructions utopiques ; Fourier était d'ailleurs lui-même un désadapté schizoïde. Peu d'écrivains égalent cependant sa lucidité dans le démasquage des tabous et des hypocrisies de la société, du tabou sexuel en tout premier lieu. Cette lucidité fait de Fourier le grand précurseur d'un W. Reich et d'un Marcuse. Aussi bien son actualité ne le cède en rien à celle de Saint-

Simon ; si certains marxistes et certains leaders du tiers monde — les « technophiles » dont parle Abdallah Laroui — sont en fait des saint-simoniens qui s'ignorent, les contestataires des sociétés avancées ne font nulle difficulté à se reconnaître dans cet iconoclaste.

### Orwell et la contre-utopie

Le concept de contre-utopie n'est pas encore défini de façon unanime. Il importe de distinguer l'*anti-utopie*, image nostalgique d'une société sans contrainte, de la *contre-utopie*, prévision pessimiste doublée d'une mise en garde. Nous avons vu plus haut la parenté avec une certaine forme de futurologie. Celle qui la lie à l'*utopie de démystification* est indirecte, mais non moins réelle. Entre Fourier qui prône la liberté du sexe et Orwell qui dénonce sa répression dans les cadres du totalitarisme à venir, on discerne aisément la communauté d'une intention désaliénante.

George Orwell (1903-1950) est en effet le maître de ce genre, qui comprend aussi *le Meilleur des mondes* (1932) d'Aldous Huxley, de même que certains chapitres du *Gulliver* de Jonathan Swift. C'est donc un genre bien britannique, qui utilise volontiers les ressources de l'humour. Il serait injuste, cependant, d'oublier un précurseur russe d'Orwell, Zamiatine, sans parler d'Aristophane, dont la pièce *l'Assemblée des femmes* est sinon le modèle, du moins l'une des premières manifestations du genre. La question insoluble de savoir si le grand comique athénien voulait dénoncer, mettre en garde ou tout simplement amuser son public, doit être naturellement mise entre parenthèses ici.

1984 (publié en 1949) est le tableau peu idyllique d'une Grande-Bretagne « socialiste ». C'est une société hiérarchisée comportant un « parti intérieur » (dirigeants), un « parti extérieur » (exécutants), le prolétariat, des esclaves et, enfin, un univers concentrationnaire. Le conformisme intellectuel et moral est total ; le puritanisme sexuel l'est également. Pas de mariage d'amour ; c'est le parti qui choisi les couples en fonction de ses propres critères. L'amour libre et même l'« amour » vénal sont réprimés ; une « ligue contre le sexe » déploie une propagande incessante en faveur de la « pureté ». Mais ce puritanisme ne vise que le parti extérieur ; les membres du parti intérieur ne semblent pas dédaigner les plaisirs de l'existence; quant au prolétariat, sous alimenté, surexploité et méprisé, il a droit non seulement à une sexualité libre, mais aussi à une ration de pornographie ( !) fournie par le gouvernement en tant qu'opium du peuple. Cet univers totalitaire est aussi un univers *schizophrénique* : la pensée est dissociée *(double-think)*, le langage est domine par les néologismes *(nov-langue)*, la dimension temporelle de l'existence dépérit au profit de la dimension spatiale. Le remaniement constant du passé en fonction des exigences variables du présent (Orwell procède à une extrapolation sociologique des enseignements des premiers procès d'épuration) aboutit une suppression de l'histoire : l'univers d'Orwell vit donc dans un éternel présent où le parti a toujours raison. C'est aussi un monde consciemment et volontairement antihumaniste. Le héros du roman Winston Smith essaye de « retrouver l'histoire » et en même temps de se repersonnaliser dans les cadres d'une liaison avec une jeune non-conformiste. Tentative condamnée à l'échec et qui conduira le couple à la catastrophe. En somme, Orwell dénonce avec une lucidité sans faille cette donnée fondamentale de toute pensée totalitaire : l'*horreur de la dialectique*, dont l'élimination de l'historicisme, d'une part, et le rejet de l'humanisme, de l'autre, sont deux aspects complémentaires. Ces traits se retrouvent *mutatis mutandis* dans la démarche philosophique de l'un des principaux courants du marxisme français : l'école de Louis Althusser.

### Les utopies réalisées

Il y a enfin les *utopies réalisées*. On ne rangera pas dans cette catégorie, paradoxale en apparence, les expériences communautaires dans le genre de celle de Robert Owen. En effet, ces expériences ont lieu avec le concours de protagonistes convaincus d'avance. Or, la vraie utopie compte plus sur les institutions pour transformer les hommes que sur les hommes pour transformer les institutions.

Le monachisme est, ici, plus intéressant. Son existence dans des contextes religieux et sociaux éloignés dans le temps et dans l'espace prouverait qu'il est l'expression d'une constante anthropologique, qui est peut-être la même que celle que traduit l'utopisme : désir d'uniformité, « peur de la liberté » (c'est le titre d'un ouvrage célèbre du psychanalyste Erich Fromm), désir d'éternité, volonté d'échapper à l'histoire. Risquant une hypothèse philosophique, on peut essayer de lier cette question à l'épistémologie d'Emile Meyerson (*Identité et réalité*, 1907), qui discerne dans le « cheminement de la pensée » deux composantes : l'identification et l'intuition du divers, la première étant négatrice de l'histoire et, de façon générale, de la temporalité dialectique concrète. On peut considérer l'utopisme et le monachisme comme deux expressions différentes mais apparentées de cette tendance de l'esprit humain, et ce indépendamment du contenu proprement religieux du second. L'idée d'un monachisme laïque n'a, d'ailleurs, rien d'absurde. Dans *Demain, le Moyen Age* (1972), Roberto Vacca propose la fondation de véritables monastères laïques destinés à transmettre l'héritage culturel au-delà de ce nouveau Moyen Age, dont le futurologue italien craint l'avènement.

C'est à ce contexte qu'appartient également l'étude des *pratiques utopiques mineures*, comme la fête des fous de notre Moyen Age ou encore les Saturnales romaines. Ces pratiques assument une fonction désaliénante implicite, car elles mettent en évidence le caractère relatif (historique) des distinctions sociales que les idéologies officielles du monde gréco-romain (Aristote) n'avaient eu que trop tendance à percevoir de façon réifiée. Elles s'apparentent donc, dans une certaine mesure, aux utopies de démystification de type fouriériste que nous avons envisagées précédemment. Mais elles peuvent jouer aussi le rôle d'opium du peuple, ce qui traduit bien la foncière ambiguïté de l'utopisme.

Cependant, en dehors de ces expériences fugaces ou restreintes, l'histoire offre aussi des constructions durables à l'échelle étatique, que l'on est en droit de considérer comme des *utopies réalisées*. La tragique expérience anabaptiste (1534-35) de la ville de Münster, qui a inspiré un roman historique à Marguerite Yourcenar, mérite au moins une mention à défaut d'une étude approfondie impossible dans nos cadres restreints. Deux autres expériences plus durables ont retenu l'attention des sociologues : l'Etat des Jésuites au Paraguay et l'Empire Inca, dont Louis Baudin, dans *la Vie quotidienne au temps des derniers Incas* (1955), a signalé la parenté avec l'utopie de Thomas More.

La tradition attribué à l'Inca Pachacútec l'organisation de cet Empire ; véridique, cette tradition classerait ce souverain parmi les plus grands brasseurs d'humanité de l'histoire, aux côtés d'un Shi Huangdi (Che Houangti) [que la Chine populaire vient de reconnaître comme un précurseur] et d'un César. L'œuvre de Pachacútec a fait couler beaucoup d'encre, et le débat est loin d'être terminé : modèle socialiste (L. Baudin), Etat totalitaire (R. Karsten), à moins que ce ne soit l'un et l'autre. C'était, en tout cas pour employer l'expression de René Dumont, une « société de survie » destinée à permettre la perpétuation de l'espèce humaine dans des conditions naturelles et démographiques difficiles. C'était aussi une société essentiellement hiérarchique, à laquelle l'idée d'égalité devait être proprement incompréhensible. C'était enfin — tous les témoignages concordent sur ce point — l'une des sociétés les moins féministes de toute l'histoire : la femme — et en particulier la femme du peuple — s'y trouvait littéralement dégradée au rang d'objet. Il y régnait un ordre, une honnêteté matérielle, un respect de la hiérarchie qui font un peu penser à la Chine populaire. Nul ne souffrait de faim au Pérou, et le sort réservé aux vieillards pouvait susciter la jalousie de leurs homologues européens de l'époque. Toutes les énergies étaient au service de la productivité ; même les aveugles étaient utilisés pour des travaux appropriés à leur état. Comme l'écrit Louis Baudin : « [...] l'Indien du XV⁰ s. tirait certains avantages de cette situation ; il lui devait un ordre, une assurance contre la famine et contre l'invasion, la tranquillité de l'esprit, l'installation dans une totale passivité. Inutile de s'occuper d'autrui : l'Etat se chargeait de tout, des vieillards et des incapables », et le P. Cobo de noter qu'« il [l'indien du Pérou] ignore la notion même de charité, puisque l'Etat est censé s'occuper de tout ». Le P. José de Acosta signale, de son côté, que « le Péruvien est à la fois esclave et heureux » ; un siècle plus tard, les jésuites du Paraguay offriront ce même « bonheur » à leur ouailles. On sent à l'œuvre une constante anthropologique profonde, qui, sous d'autres cieux, a donné le monachisme et, sur le plan clinique, la schizophrénie. « Vue avec les yeux de l'homme du XX⁰ s., la vie quotidienne au temps des derniers Incas donne l'impression d'avoir été réglée une fois pour toutes comme un mécanisme d'une attristante perfection. L'absolu et le définitif régnaient sans conteste. L'homme-masse n'avait rien à apprendre, rien à prévoir, rien à désirer. Il n'y avait pour lui ni repliement intérieur, ni rayonnement. L'Inca et son conseil constituaient, à eux seuls, le cerveau de cette immense personnalité collective. Tel apparaît l'Empire pour nous ; gigantesque, mais où tout est localisé, moment grandiose, mais qui se répétait identique à lui-même, rêve réalisé d'une immensité sans étendue et d'une durée sans succession. Monotonie lassante et tristesse invincibles » (Louis Baudin).

Et l'on songe dès lors aux paroles de Nicolas Berdiaev : « Les utopies sont réalisables ; la question est de savoir comment empêcher leur réalisation. »

IV

# IRRUPTION DE L'UTOPIE
# DANS LE MARXISME
# (ALTHUSSER ET ORWELL) *

> *« Du passé faisons table*
> *rase »*

Orwell et Althusser : le rapprochement entre ces deux célèbres auteurs peut, de prime abord, paraître choquant. D'un côté un écrivain de génie, doublé d'un authentique politologue, dont l'œuvre parfois sous-estimée, connaît en 1984, année de la réalisation prévue de son cauchemar politique, une sorte de nouvelle jeunesse. De l'autre côté un penseur influent — sinon un grand penseur — chef de file pendant des décennies d'un courant important du marxisme contemporain, dont depuis quelques temps l'audience s'étiole et l'école est en voie de dislocation. Quel est le dénominateur

* Exposé au Colloque Orwell, Cerisy-la-Salle 1984.

commun qui autorise à traiter dans le cadre du même exposé, deux auteurs aux destinées aussi dissemblables ?

D'entrée de jeu, j'abats mes cartes : ce dénominateur commun est la place centrale qu'occupe, chez l'un et chez l'autre, *le problème de l'historicisme*. Althusser a prétendu construire un marxisme anti-historiciste et anti-humaniste ; Orwell est à mon sens l'un des grands représentants contemporains de l'historicisme humaniste. Son œuvre s'inscrit dans la lignée des grands utopistes et anti-utopistes anglais qui va de More à Huxley en passant par Bacon, Swift, Butler, Morris et tant d'autres [1]. Mais elle s'inscrit aussi — et de façon peut-être plus significative — dans celle des grands historicistes comme Dilthey, Troeltsch, Lukàcs, Mannheim ou Aron [2]. Althusser c'est l'anti-Orwell ; Orwell c'est un peu l'anti-Althusser. Ils se situent aux deux pôles opposés de la même planète qui gravite autour du « Continent Histoire » pour reprendre la terminologie un peu paradoxale des althussériens.

Qu'est-ce que l'historicisme ?

Parlant de l'aliénation, Paul Ricœur a employé le terme de « concept hôpital » [3] ; on peut en dire autant de l'historicisme. Karl Popper ayant intitulé l'un de ses livres : *Misère de l'historicisme* [4], l'image qui me vient à l'esprit n'est pas celle d'une clinique de luxe réservée à des malades aisés, mais celle d'un mouroir d'asile où de malheureux grabataires attendent l'heure de la mort libératrice. L'historicisme est en effet malade. Le marxisme qui, par la médiation de Hegel, lui doit tant, prend avec les althussériens ses distances ; des auteurs proches de l'historicisme comme R. Aron se gardent de s'en réclamer *expressis verbis*. Mais l'essor récent de l'influence d'Orwell — notre présence ici en est témoin — et le discret regain d'intérêt pour la pensée de Karl Mannheim, permettront peut-être d'insuffler un peu de vie à ce corps, usé certes, mais qui n'est pas encore un cadavre. C'est d'ailleurs l'un des buts du présent exposé.

Les définitions de l'historicisme sont nombreuses — trop nombreuses — et pas toujours convergentes. Une définition n'est pas une théorie; elle ne peut pas être « réfutée » mais elle peut s'avérer plus ou moins utile en pratique, et peut, dans certains cas, conduire à une impasse.

Tel est le cas — à tout seigneur tout honneur — de Louis Althusser dont l'argumentation tourne autour de la définition de Gramsci qui entend par historicisme absolu « une détermination essentielle de la théorie marxiste : son rôle pratique dans l'histoire réelle » [5]. Ce n'est pas le lieu d'entrer ici dans la discussion approfondie de cette conception : je me contenterai de faire appel à cette forme particulière de la « *reductio ad absurdum* » qu'Alfred Stern appelle spirituellement « *reductio ad Hitlerum* » [6]. En vertu de la définition de Gramsci, n'importe quelle doctrine ayant exercé un impact historique pourrait, de plein droit, se réclamer de l'historicisme. Le nazisme serait donc un historicisme — et sans doute aussi un humanisme — dès lors qu'elle a joué « un rôle pratique dans l'histoire réelle ». Gramsci, et à sa suite les althussériens, rattachent donc le problème de l'historicisme à celui de l'unité de la théorie et de la pratique ; démarche arbitraire qui conduit à une impasse.

C'est à une impasse que semble conduire également l'approche d'Alfred Stern qui met l'accent sur la mise en question par l'historicisme de la « validité éternelle et suprahistorique des vérités philosophiques et scientifiques, autant que celle des valeurs morales » [7]. Cette conception risque de paraître auto-destructrice : si toutes les théories sont historiquement limitées dans leur validité, pourquoi n'en serait-il de même pour la doctrine historiciste elle-même ? « L'historicisme — écrit Léo Strauss — profite du fait que par inconséquence, il s'exempte de son propre verdict » et Stern de citer comme exemple Spengler qui a commencé par une tentative hardie de relativisation des valeurs, pour aboutir à un provincialisme culturel même pas européen mais allemand. Mais cette fois l'impasse est plus apparente que réelle. Les historicistes sont en droit d'exiger que l'on juge les institutions des différentes cultures dans l'optique de leurs propres systèmes de valeur et non point en fonction du nôtre. Ils ne sauraient pour autant nous interdire de comparer ces systèmes et d'établir une hiérarchie. Nous devons comprendre les sacrifices humains des Aztèques en fonction d'une axiologie *sui generis* qui ne place pas l'existence individuelle parmi les valeurs les plus importantes ; nous n'en avons pas moins le droit de préférer notre vieille civilisation « judéo-chrétienne » pour laquelle l'existence et le salut de l'individu sont des valeurs primordiales.

Parmi les critiques du courant historiciste se détache la haute figure de Karl Popper. Dans son ouvrage cité, très critique à l'égard de l'historicisme et du marxisme, le lecteur « lukàcsien » trouve bien des choses intéressantes à glaner. A l'encontre d'Althusser, Popper perçoit Marx *comme un historiciste*. Il souligne l'importance du changement social pour l'historicisme [8] et aussi celle d'une méthodologie « totalisante ».

> « La plupart des historicistes croient qu'il y a encore une raison beaucoup plus profonde à l'impossibilité d'appliquer les méthodes de la physique aux sciences sociales. Ils avancent que la sociologie, comme toutes les sciences "biologiques", c'est-à-dire toutes les sciences qui s'occupent d'êtres vivants, ne doit pas utiliser de procédés atomistes, mais des procédés qu'on appelle maintenant "totalistes" [*holistic*] (ou "universalistes"). Car les objets de la sociologie, les groupes sociaux, ne doivent jamais être considérés comme des simples assemblages de personnes. Le groupe social est *plus* que la simple somme totale de ses membres, et il est aussi *plus* que la simple somme totale des relations purement personnelles qui existent à n'importe quel moment entre n'importe lesquels de ses membres. Cela est aisément visible même dans un simple groupe composé de trois membres. Si A et B sont les fondateurs d'un groupe, le caractère de ce groupe sera différent de celui d'un groupe composé des mêmes membres, mais fondé par B et C. Ceci peut illustrer ce qu'on veut exprimer en disant qu'un groupe a une *histoire propre, et que sa structure dépend en grande partie de son histoire* [9]. »

Ce « totalisme méthodologique », assorti d'une sociologie du changement, est, pour les lecteurs d'*Histoire et Conscience de Classe*, une fort vieille connaissance : elle s'appelle tout bonnement *la dialectique*. Popper combat le marxisme — dialectique comprise — parallèlement avec l'historicisme. Dans cette perspective critique la parenté des deux doctrines apparaît en pleine lumière alors que cette parenté est occultée dans le marxisme « orthodoxe » déchiré entre l'évidence des textes et les exigences de la pratique politique. Un marxiste lukàcsien peut donc parfaitement retenir cette caution venant d'un grand adversaire : le « marxisme » anti-historiciste est un marxisme anti-dialectique, donc un *marxisme anti-marxiste*. « Les marxismes imaginaires », ce sous-titre d'un ouvrage de Raymond Aron, vise Sartre — dont le marxisme était moins imaginaire que ne le pensait Aron — mais surtout celui d'Althusser. « L'histoire de la Nature, ce que l'on appelle les sciences naturelles, ne nous intéresse pas ici mais nous devons nous occuper de l'histoire des hommes, puisque l'idéologie toute entière se réduit soit à une conception erronée, soit à *une abstraction complète de cette histoire* » [10]. Cette phrase — tirée, il est vrai, d'un texte antérieur à la fameuse « coupure » — suffit pour classer Marx parmi les historicistes ; elle condamne aussi et sans appel, la vision historique du stalinisme. Orwell aurait pu en faire une épigraphe pour *1984*.

Le problème de la durée irréversible est en effet central dans ce roman ; la temporalité de *1984* est une temporalité spatialisée. La dichotomie rigide (« espace contre temps ») qui sous-tend cette interprétation, risque de paraître simpliste ; c'est la conception du sens commun. Elle est légitimée par un critère incontournable : on se déplace à volonté dans l'espace, nullement dans le temps. Je peux rentrer à Paris, revenir à Cerisy, retrouver à nouveau les bords de la Seine, dans la seule limite de mes modestes moyens matériels et de transport. Tous les trésors du Roi d'Arabie ne sauraient permettre à ce potentat de retrouver la minute qui vient seulement de s'écouler. C'est sur la base de ce critère qu'il est loisible de parler d'une spatialisation de la durée dans le roman d'Orwell. Selon le Docteur Honorio Delgado, la temporalité des schizophrènes se caractérise par la réification du temps et par ce qu'il appelle l'« invalidation de l'acquis » *(invalidación de lo acaecido)* ce qui correspond exactement à la temporalité idéologico-utopique de *1984* [11]. Le phénomène de « pensée double » *(double-think)*, renvoie de son côté explicitement à la dissociation schizophrénique. Il n'y a pas à s'y tromper : ce monde de cauchemar, figé (« réifié »), désexualisé, déshumanisé est bel et bien un univers de structure schizophrénique. Winston Smith et sa compagne Julia essayant de s'en évader par la pratique de l'amour libre [12]., par la « recherche du temps perdu » (Proust ne croyait pas si bien dire !) [13], et par une activité oppositionnelle clandestine enfin. Cette tentative de désaliénation individuelle conduira le couple tragique à la catastrophe. La temporalité de « 1984 » se caractérise par une confiscation du passé mais aussi par l'absence de toute ouverture sur l'avenir [14] ; sa structure tend à s'aligner sur celle de l'espace.

Or, qui dit *spatialisation* dit *réification* et ce n'est certes pas la lecture de *1984* qui démentira cette assimilation. Avec l'œuvre de Kafka celle d'Orwell constitue sans doute le reflet littéraire le plus fidèle d'un monde réifié. Pour la psychanalyste Gisèle Pankow, dont l'œuvre se situe au confluent de la psychanalyse et de la psychopathologie « phénoménologique » de Binswanger et de Minkowski, l'acte thérapeutique consiste essentiellement en une reconstruction de la totalité concrète de la personnalité des malades avec temporalisation thérapeutique d'un *Dasein* prisonnier de la spatialité. C'est en retrouvant une existence à la fois structurée et historisée (« dialectique ») que ces malades de *sexe féminin*, deviennent des *femmes* [15]. Gisèle Pankow guérit ses malades en leur faisant redécouvrir simultanément leur histoire et leur sexe ; le couple Winston-Julia de *1984 fait exactement la même chose.* Mais ce qui est possible, sinon facile, dans un cabinet de psychanalyste, devient utopique pour le couple écrasé par la terrifiante pesanteur sociale d'un régime totalitaire.

Les procès d'épuration de l'époque stalinienne sont la cible évidente d'Orwell dans *1984*. L'importance du « phénomène Orwell » [16] déborde cependant les limites historiques du stalinisme ; la manipulation « présentocentrique » du passé que dénonce le romancier anglais, est une technique polémique dont le stalinisme n'avait nullement le monopole. En voici quelques exemples puisés — à l'exception du dernier — dans l'histoire politique récente.

a) *Le maccarthysme* qui a sévi aux Etats-Unis il y a quelques décennies, était une sorte d'*image en miroir du stalinisme* [17]. Ils ont en commun leur méconnaissance de l'historicité individuelle ; pour la logique stalinienne le « traître » d'aujourd'hui a toujours été un traître ; pour la commission sénatoriale des activités anti-américaines présidée à l'époque par Mac-Carthy, le concept d'« ex-communiste » ne répond à aucune réalité : un communiste est censé rester communiste *in aeternum*. Dans son livre *The Fight for America*, Mac-Carthy reproche à l'administration démocrate d'avoir fait libérer lors de l'occupation du Japon en 1945, les survivants du réseau pro-soviétique de Richard Sorge qui avait, pendant la guerre, œuvré de façon efficace pour la victoire *commune*. C'était une ambiance tout à fait orwellienne : Mac-Carthy a prétendu juger la politique des gouvernants de 1945 à l'aune des critères valables en 1952, ceci sans tenir compte de l'évolution de la situation internationale. O'Brien dans *1984* n'aurait pas mieux fait.

b) La rétroactivité des lois pratiquée, dans certaines circonstances, par certains régimes généralement, sinon toujours, autoritaires voire totalitaires, relève d'un mécanisme intellectuel identique. Pour la sensibilité juridique démocratique une loi rétroactive est une absurdité insupportable. Lorsque, sous la pression conjuguée de l'occupant et de sa propre aile extrémiste, Vichy a promulgué une loi rétroactive, il y eut des résistances dans la magistrature et au sein même du cabinet. L'officier de liaison allemand — un officier de tradition apparemment cultivé — a parfaitement saisi la portée de l'événement :

> « Ce texte est une véritable révolution dans les principes juridiques en vigueur en France. La rétroactivité d'une loi pénale a pour conséquence d'annuler le sacro-saint principe libéral : *nulla poena sine lege*, nulle peine sans loi... La France est en train, probablement sous l'influence du nouveau ministre de l'intérieur... de tracer les voies d'un nouvel ordre d'Etat [18]. »

c) *La question des fouilles archéologiques de Jérusalem.* Jérusalem a été une ville juive du temps de David, de Salomon et de leurs successeurs ; tous les lycéens le savent. Des fouilles archéologiques portant sur des édifices de culte, datant de cette époque, ne peuvent donc que confirmer des données historiques indiscutées. La prétention de certains organismes *d'interdire ces fouilles* relève donc d'une application délibérée de ce que j'appelle la « technique Orwell ». « Omar a fait la conquête de la ville sainte en 637. *Jérusalem a donc toujours été musulman et arabe* ; des fouilles visant à prouver le contraire sont des « non-êtres » dirait O'Brien [19].

d) *La campagne dite « révisionniste ».* En prétendant interdire les fouilles archéologiques à Jérusalem, certains organismes internationaux veulent frustrer les Juifs d'un passé de puissance et de gloire ; quant aux négateurs de la réalité historique du génocide, ils visent au contraire à barrer un passé d'humiliations et de souffrances. Les deux démarches convergent paradoxalement vers le même but : faire du Juif un être « unidimensionnel » sans histoire qui ne saurait pas constituer un peuple et qui par conséquent n'a pas droit à un Etat.

e) *L'Etat Inca et l'historicité.* Dans cet Etat totalitaire et socialiste — l'un des premiers et peut-être les plus parfaits modèles du socialisme étatique — il était interdit *de se souvenir du passé.* Laissons la parole au chroniqueur Fernando Montesinos :

> « Les Incas voulurent effacer tout ce qui pouvait évoquer l'histoire des peuples soumis, leurs traditions, leurs légendes, leur religion et toutes leurs manifestations spirituelles. Aussi infligeaient-ils la peine de mort à quiconque écrivait comme on avait écrit avant la conquête incasique [20]. » Et I. Chafarevitch de préciser que « ... l'enseignement était dispensé par les "amautas" personnages érudits chargés par ailleurs d'écrire l'histoire en deux versions différentes : l'une objective, présentée sous forme de "quipu" était conservée dans la capitale et uniquement destinée à l'usage des fonctionnaires ; l'autre, composée sous forme d'hymnes était racontée au peuple lors des festivités. Si tel personnage était reconnu indigne, son nom n'était plus mentionné lors de ces commémorations [21]. »

Orwell n'a en somme rien inventé ; les Incas, tout comme leur lointain successeur « Big Brother », ont compris que la maîtrise *du passé* est indispensable pour dominer *le présent.* Il apparaît une fois de plus que la durée historique irréversible et l'emprise étatique sur la société, ne sauraient faire bon ménage ensemble.

En effet le « phénomène Orwell » n'est vraiment à l'aise et la « technique Orwell » n'est réellement efficace que dans un contexte totalitaire ou, à tout le moins, autoritaire. Dans une ambiance de pluralisme et de libre débat leur existence est précaire et leur efficacité limitée. On a bien essayé après 1945 de « réviser » le rôle de Pétain au cours de la Première Guerre mondiale à la lumière de son comportement au cours de la seconde ; cette tentative a fait long feu. Pour la sensibilité historique totalitaire il est inconcevable que Trotsky, le « traître » des années 30, ait été le créateur de l'Armée Rouge quelques décennies auparavant ; le temps historique du totalitarisme est un temps homogène (« réifié »). La sensibilité historique de la démocratie pluraliste admet parfaitement que le même homme pût être un grand chef de guerre en 1916 et l'homme des abandons à partir de 1940 ; sa temporalité est donc *dialectique* (unité des contraires). Quant au maccarthysme il a certes sévi dans un contexte politique pluraliste, mais la démocratie américaine a tôt fait de le digérer et de le rejeter comme elle est en train de digérer et de rejeter sous nos yeux cette autre plaie qu'est le racisme anti-Noir. Le temps réifié et spatialisé, est le milieu normal de la (fausse) conscience totalitaire ; pour la démocratie pluraliste c'est une atmosphère irrespirable.

C'est ici que je perçois l'actualité d'Orwell et d'Althusser et ce que l'on peut appeler leur « convergence négative »... Althusser nous propose un marxisme non-humaniste et non-historiciste ; or, le monde de *1984* est un monde inhumain qui vise à supprimer l'histoire. Nous y retrouvons également les aspects essentiels de la réification telle qu'elle est décrite dans le chapitre principal d'*Histoire et Conscience de Classe*, or, dans deux passages étranges et significatifs de son œuvre, l'auteur de *Pour Marx* récuse toute critique de la réification comme relevant d'une déviation idéaliste [22]. Le tableau de la convergence Orwell-Althusser est, il faut le reconnaître, assez impressionnant. La question qui se pose est de savoir comment interpréter sociologiquement cette convergence.

L'examen critique de la concordance des thèses althussériennes avec le texte de Marx ou d'Engels, ne concerne pas notre sujet ; c'est d'ailleurs une tâche assez stérile. Le marxisme est un « faisceau de théories » selon Werner Stark, Raymond Aron a parlé de « marxismes » au pluriel. Si pour l'essentiel je suis d'accord avec Popper pour percevoir le marxisme comme un historicisme, il faut reconnaître cependant que l'œuvre personnelle de Marx comporte aussi des énoncés anti-historicistes symptomatiques de la dimension idéologique (et aussi utopique) de sa pensée politique [23]. Mon but n'est donc pas d'aborder la question controversée — et peut-être insoluble — de la « légitimité marxiste » des thèses althussériennes mais de tenter d'élucider leur fonction idéologique dans le débat politique actuel. Que signifie pour nous, en cet an de grâce *1984*, la pensée politique qui sous-tend l'œuvre de l'auteur de *Pour Marx* ?

Cette question est liée au problème tant débattu, et si tenacement actuel, de l'*égalité sociale*. Une nostalgie égalitaire traverse comme un fil rouge l'histoire occidentale : millénaristes, anabaptistes, « niveleurs » sans oublier les doctrinaires des révolutions du XVIIIᵉ et XIXᵉ siècles. Cette nostalgie égalitaire est, sans doute, l'un des traits spécifiques de la conscience occidentale.

Depuis quelques décennies — depuis 1917 pour être précis — cette nostalgie égalitaire tend à s'investir dans des expériences à caractère totalitaire et d'inspiration au moins partiellement non-occidentale. Or la notion de « totalitarisme égalitaire » est une vue de l'esprit ; les régimes totalitaires secrètent toujours leurs couches privilégiées ; les « camarades plus égaux que les autres » pour paraphraser une formule connue d'Orwell. D'autre part — je prends en témoin Louis Dumont et son *Homo hierarchicus* — la tradition non-occidentale n'est pas toujours favorable à l'idéal égalitaire. En investissant ces nostalgies égalitaires dans ces expériences géographiquement et idéologiquement lointaines, l'*Intelligentsia* des pays occidentaux s'est préparé de rudes réveils. Le rapport Krouchtchev aura été l'un de ces rudes réveils.

Après l'écroulement idéologique du stalinisme, les nostalgiques de l'utopie égalitaire se tournent vers une nouvelle Mecque : dès lors que le chemin du paradis égalitaire passe obligatoirement par le purgatoire totalitaire, autant accepter le totalitarisme maoïste dans l'espoir que l'accouchement de la société égalitaire ne se fera pas trop attendre. Au moment de la Révolution Culturelle, le maoïsme joue dans certains milieux politiques et intellectuels le rôle d'un véritable « principe d'espoir » ; les quelques voix lucides, comme celle de Simon Leys, sont étouffées ou couvertes de sarcasmes. Pour un large secteur de l'opinion occidentale la Chine de la

Révolution Culturelle c'est *l'utopie réalisée*, Althusser a certainement subi cette influence ; j'y vois à la fois l'explication de la structure particulière de son marxisme et le secret de son succès. Il a en effet introjeté dans son marxisme les structures du discours totalitaire qui sont significativement les mêmes que celles de la conscience utopique : anhistorique, réification, anti-humanisme. Il a été ainsi amené à retrouver spontanément les structures mêmes de l'univers de « 1984 » ; la nostalgie aveugle rejoint la caricature lucide. Or, le maoïsme finira par connaître son heure de vérité, après la mort du « Grand Timonier » notamment lors du procès de Madame Chiang Ching. Je ne veux pas accabler la célèbre veuve dont le comportement devant ses juges mérite au moins un coup de chapeau. Il n'en reste pas moins vrai que la personnalité féminine qui s'est dessinée lors de ce procès fait davantage penser à une concubine impériale de la Chine d'autrefois qu'à une militante d'une idéologie égalitariste. « Images brisées » titre S. Leys ; pour tout un secteur de l'*Intelligentsia* occidentale et du Tiers-monde il s'agissait là de quelque chose de très grave : l'écroulement d'un système de valeurs. Des psychanalystes — Léopold Szondi entre autres — expliquent l'origine de l'atteinte maniaque par une dévalorisation du monde propre du malade ; d'autres (D. Lagache) ont parlé de « deuil maniaque ». Je ne veux pas m'appesantir ici sur un sujet douloureux connu de nous tous ici. Disons simplement que la catastrophe encore présente dans toutes les mémoires, était peut-être le « travail de deuil » d'un rêve égalitaire généreux mais irréalisable. Il y a toujours eu — et il y aura sans doute toujours et dans tous les systèmes sociaux — des « camarades plus égaux que les autres ». O'Brien est immortel. Orwell également.

## NOTES

1. *1984* n'est pas véritablement une utopie mais une *contre-utopie*, c'est-à-dire une mise en garde. Les analogies existant entre la structure de *1984* et celle de la pensée d'Orwell, résultent d'une *convergence négative* ; mise en garde chez Orwell, acceptation chez Althusser.

2. Le lien entre la pensée politique d'Aron et celle qui sous-tend *1984* est peut-être l'œuvre de Burnham qui a exercé une certaine influence sur l'un et l'autre. Pour ce qui concerne les rapports Burnham-Orwell. Cf. Raymond Williams : *Orwell*.

3. Dans son article sur l'aliénation (*Encyclopaedia Universalis*, Vol. I).

4. Karl POPPER, *Misère de l'historicisme*, Paris, Plon, 1956.

5. ALTHUSSER-BALIBAR, *Lire le Capital*, Paris, Maspero, 1971, p. 162.

6. Alfred STERN, Quelques remarques sur l'historicisme, *Revue Philosophique*, juillet-septembre 1962.

7. STERN, art. cit., p. 307.

8. Karl POPPER, *op. cit.*, p. 30.

9. Popper, *op. cit.*, p. 15.

10. MARX, *OEuvres philosophiques*, Paris, 1937, Ed. A. Costes, tome VI, p. 154.

11. Anormalidades de la conciencia del tiempo. *Revista de Psiquiatria y de Psicologia medica de Europa y America Latina*, janvier-mars 1953, p. 14 et 17. On peut traduire « invalidación de lo acaecido » par « invalidation rétroactive des facticités du passé » ce qui est une paraphrase lourde mais qui restitue bien le sens de l'expression espagnole. C'est du pur Orwell.

12. Libre surtout par rapport aux impératifs du parti. Avant sa liaison avec Winston Smith, Julia menait une véritable « vie de garçonne » ce qui avait pour elle surtout la signification d'une protestation contre l'emprise étatique sur la vie privée.

13. Je pense à l'enquête désespérée entreprise par Smith auprès de vieillards non-membres du parti afin de reconstituer l'histoire véridique d'Océania, déformée et « présentifiée » par la propagande du Ministère (dit) de vérité.

14. « Cette homogénéisation peut d'ailleurs être mise en relief encore davantage. Le maintenant... a tendance à s'élever dans une sorte d'absolutisme et à réduire ainsi à néant tout ce qui n'est pas lui ; il se montre disposé à englober tout au plus la partie la plus proche de l'avant et de l'après immédiats. Le présent, lui, tout en s'opposant au non-présent, se situe au même niveau que lui. Ce

qui est maintenant existe et ce qui n'est pas maintenant *n'existe pas*, disions-nous plus haut » (E. MINKOWSKI, *Le Temps vécu*, Paris, 1933, p. 33-34). C'est encore du pur Orwell ; il faut rappeler cependant que cet ouvrage génial mais un peu oublié de Minkowski, a paru plusieurs années avant les grands procès d'épuration et près de deux décennies avant *1984*. Dans sa *Contribution à la critique de la philosophie de Hegel* (1839), Feuerbach oppose curieusement le « temps exclusif » à l'« espace tolérant ».

15. Gisèle PANKOW, *Dynamische Struckturierung in der Psychose*, Berne, Huber Verlag, 1956 et « Structuration dynamique dans la schizophrénie », *Revue Suisse de Psychologie*, 1956. Selon Igor A. Caruso (*Psychanalyse pour la personne*, Paris, 1962) la « réification de la sexualité » est en quelque sorte le dénominateur commun des diverses manifestations de la pathologie sexuelle. La convergence avec les idées d'Orwell, de G. Pankow et de William Reich est patente ; dès lors que l'on considère que la *pathologie* sexuelle relève essentiellement d'un processus de réification de la vie amoureuse, il en résulte logiquement que la sexualité *normale* est facteur de déréification et de désaliénation.

16. Il y a lieu de distinguer entre la manipulation délibérée du passé (« technique Orwell ») et le « phénomène Orwell » qui apparaît lorsque les résultats de cette manipulation se sont intégrés dans la conscience politique du groupement visé par la propagande. C'est en somme la même différence que celle qu'entrevoit Mannheim entre les concepts « particulier » et « total » de l'idéologie autrement dit entre le mensonge politique et la fausse conscience.

17. Je me permets de renvoyer à mon étude « Signification du maccarthysme » parue dans *La Revue Socialiste* (1954) et repris dans le volume *Idéologies* (Paris, Anthropos, 1974) dans laquelle le maccarthysme est analysé critiquement comme anhistorisme et manifestation de fausse conscience.

18. Cité par Hervé VILLERÉ, *L'Affaire de la Section Spéciale*, Paris, Fayard, 1973, p. 200. Joseph Barthélémy, Garde des Sceaux et curieusement auteur d'une thèse de droit consacrée au principe de la non-rétroactivité, s'est dressé en conseil de ministres contre cette loi mais il a dû s'incliner et prêtera un concours, exempt d'enthousiasme, à la mise au point des détails administratifs.

19. O'Brien, haut fonctionnaire du « parti intérieur » d'Océania attire le couple Winston-Julia dans un piège en prétendant faire partie d'un mouvement contestataire appelé « fraternité ».

Le monde de *1984* est partagé entre trois superpuissances qui se font une guerre permanente : L'Océania (Le monde anglo-saxon ?), L'Eurasia (L'URSS ?) et l'Estasia (La Chine ?). L'intuition politique d'Orwell est remarquable : au moment de la parution de son roman rien ne laissait encore prévoir une rupture possible entre la Chine et l'URSS. L'« Océania » est à tour de rôle alliée ou adversaire des deux autres mais lorsqu'un changement intervient dans le jeu des alliances, il est à *effet rétroactif*. C'est au moment précis où s'esquisse l'idylle entre Winston et Julia que se produit l'un de ces renversements d'alliance : l'Océania déclare la guerre à l'Estasia; elle a donc *toujours été en guerre* avec cette dernière et les documents prouvant le contraire (Journaux etc.) sont détruits par les soins du « Ministère de la Vérité ». La comparaison avec la prétention d'interdire les fouilles archéologiques à Jérusalem et avec le « time mastery » maccarthyste est éloquente : en 1952 on était en pleine guerre froide, donc la guerre froide *a toujours existé*. Le Sénateur Joseph Mac Carthy a-t-il lu *1984* ?

20. In *Historama*, mai 1977, n° 307, p. 43.

21. Igor CHAFAREVITCH, *Le phénomène socialiste*, Paris, Seuil, 1977, p. 161.

22. Dans *Eléments d'autocritique*, Paris, Hachette, 1974, p. 36 et *Réponse à John Lewis*, Paris, 1973, p. 32. Ces deux passages sont éclairants quant à la signification idéologique du marxisme non-humaniste et non-historiciste. La dépersonnalisation réifiante de la société totalitaire dénoncée dans la contre-utopie d'Orwell est *acceptée par Althusser*. Dans un autre texte (*Lire le Capital*, p. 168) il est question de *présent privilégié* ; or, la temporalité de *1984* est, de son côté, caractérisée par un privilège illégitime du présent. Lukàcs, dont le marxisme est comme l'antithèse de celui d'Althusser, souligne au contraire l'*historicité du présent* (*Histoire et Conscience de Classe*, Paris, 1960, p. 197-198).

23. Pour cette question (la dimension idéologique — donc anti-historiciste — de l'œuvre marxienne) se référer à l'article éclairant de Maxime RODINSON, « Sociologie marxiste et idéologie marxiste », *Diogène*, 1968, n° 64.

# DEUXIÈME PARTIE

# ALIÉNATION ET DIALECTIQUE

I

# UN EXEMPLE CLINIQUE DE LOGIQUE RÉIFIÉE *

> « La dialectique est la
> conscience rigoureuse de la
> non-identité. »
>
> (Th. ADORNO : Dialectique
> négative », Paris, 1878, p. 13.)

Les cas de *rationalisme morbide* sont rares dans les Hôpitaux Psychiatriques. Les tableaux cliniques des maladies mentales évoluent sous l'influence des progrès de la thérapeutique et il est à craindre — si toutefois un médecin a le droit de s'exprimer ainsi — que le beau syndrome individualisé par le Docteur Eugène Minkowski [1], ne soit appelé à disparaître de la nosologie psychiatrique comme ont déjà disparu certaines variantes de l'hystérie du temps de Charcot.

---

* Publié en 1949 dans les *Actas Luso-Españolas de Neurologia y Psiquiatria*. Traduit de l'espagnol par l'auteur.

Le but du présent travail est de faire connaître au public médical un cas exceptionnel de rationalisme morbide. Il s'agit bien là d'un cas exceptionnel puisque ce malade a eu la possibilité — rare chez une personne se trouvant dans sa situation — de publier un livre. Né en Hongrie vers 1910, il a dû abandonner ses études de médecine pour troubles mentaux. Son livre comporte d'ailleurs un chapitre consacré aux maladies mentales dont il aurait été atteint ; parmi ces dernières figures naturellement la schizophrénie. Sorti très amélioré de l'hôpital, il publie en 1937, sans doute à compte d'auteur, un ouvrage qui sous un titre apparemment inoffensif constitue une manifestation exceptionnelle de pensée réifiée.

J'ai connu personnellement l'auteur de ce livre l'ayant fréquenté avec notre ami commun le Docteur Jacques Kotlarewski, jeune médecin d'avenir, mort dans des circonstances tragiques sous l'Occupation. Nous avions l'habitude de nous réunir dans l'appartement parisien du Docteur Kotlarewski. La conduite de notre ami était pratiquement normale ; tout au plus pouvait-on constater quelques *barrages* en cours de conversation. Il vivait seul dans un hôtel du Quartier Latin ; le fait qu'il disposait de quoi vivre, ne permettait pas d'apprécier dans quelle mesure il était réellement adapté à la vie. Un témoin non prévenu de nos réunions aurait cru assister à la conversation absolument normale de trois intellectuels.

La logique qui sous-tend son ouvrage ressortit, en revanche, au *rationalisme morbide* dans sa forme la plus pure. En voici quelques échantillons choisis parmi les plus caractéristiques. Je suis naturellement conscient d'avoir quelque peu outrepassé le droit de citation. Mais l'exceptionnel intérêt doctrinal de ce texte me semble justifier le nombre et la longueur de ces citations.

*N° 1*

« Ainsi la tâche consistera en cela qu'il faudra faire exprimer = accoucher ("eh ! bien, accouche !..." n'y est-elle pas une allusion) par le langage écrit, par le langage écrit, tout ce qui est "pathologique" et qui a pris l'habitude (la folie) de suivre le chemin du langage parlé et mimique. »

*N° 2*

« *Vouloir tuer quelqu'un = désir d'avoir sa peau = désir d'avoir avec, un rapport sexuel mental long.*
*Souhaiter la mort de quelqu'un = nécrophilie mentale = désir d'avoir avec, des rapports sexuels mentaux.* »

*N° 3*

1. « Le jour où les vérités géométriques gêneront les hommes, ils les nieront. »
2. « Nombreux sont les savants, les artistes, adonnés au culte désintéressé de la vérité. »
3. « Ce qui trouble les hommes, ce ne sont pas les choses, mais leurs opinions sur les choses. »
4. « Le savant doit avoir du caractère et le culte de la vérité, même si le résultat de ses recherches doit renverser les bastions du passé » (A. Rosenberg).
... Vous... monsieurs...
4 = 4. Le niez-vous ?
Jaune = jaune. Le niez-vous ?
Tout chose est égale avec soi-même. Le niez-vous ?
Absurde = absurde. Le niez-vous ?
Donc : il est absurde de dire que quelque chose est absurde. Le niez-vous ?
(*C'est vrai, mais ça me gêne*, dit mon camarade, Saïd. *Aussi il y a une soupape de sûreté au chapitre 25 à toutes ces vérités géométriques.*)

*N° 4*

idiot = idiot

Donc : dire que quelque chose est idiot, c'est idiot. Le niez-vous ?

perversion = perversion

Donc, c'est une perversion que de dire que quelque chose est perversion. Le niez-vous ?

dégoûtant = dégoûtant

Donc, si je dis que quelque chose est dégoûtant, je suis dégoûtant. Le niez-vous ?

ignoble = ignoble

Donc, si je dis que quelque chose est ignoble, je suis ignoble. Le niez-vous ?

folie = folie

Donc, c'est une folie que de dire que quelque chose est une folie. Le niez-vous ?

*Chaque chose est égale avec soi-même.* Le niez-vous ?

Ainsi : une seule chose belle : le mot beau beau = beau.

une seule chose sale : le mot sale — sale = sale.

une seule chose grossière : le mot grossier — grossier = grossier.

une seule chose immoral — immoral — immoral = immoral.

une seule chose bête — bête — bête = bête.

une seule chose ignoble — ignoble — ignoble = ignoble.

une seule chose repoussant — repoussant — repoussant = repoussant.

## $N^o$ 5

« *b)* Dupont et Smith sont au cinéma. D. au deuxième rang, S. au sixième (même prix). Un spectacle terminé, S. quitte sa place, avec vingt autres. Ayant déjà un torticolis, D. se hâte de l'occuper. Or, deux minutes après, S. rentre. (Il était au W.-C.). C'est ma place, Monsieur.

D. — Je demande pardon, ce n'était pas marqué, et maintenant toutes les bonnes places sont occupées.

Et il ne se lève pas.

— Sale type, dit S.

D. se regarde : il est tout à fait propre. Alors :

— Erreur, Monsieur.

S. continue :

— Salaud...

— Salaud ? qu'est-ce que ça veut dire ?

D. ne le voit pas, donc il ralentit pour mieux voir :

S   ens
A   rracher
L   '
A   mbition
U   nique
D   e... Vous sentez arracher l'ambition unique de votre vie, cette chaise. Moi aussi. »

*N° 6*

« Alors S. au comble de la paralysie corticale avec libération médullaire consécutive (avec fureur), pour en finir :
— Vous êtes un fumier.
Dupont ne connaît pas ce mot. Il le regarde dans son *Larousse* de poche :
*Fumier :* engrais pour la terre. — Engrais : *matières propres à fertiliser les terres.*
D. ébahi, voyant que c'est avec un homme délirant (commettant erreur sur erreur) qu'il a affaire, se lève, s'excuse et s'en va.

*N° 7*
*Le regard et la voix mentaux-corticaux*

*Suite aux vérités mathématiques*
*(A. B.)*

A. — *Les offenses-injures proprement dites.* Les mots grossiers, triviaux. La plus grave, fumier et les autres : merde, cul, con, salaud, sale, etc.
B. — *Les offenses-injures par le ton.*

A

Mathématiquement : fumier = fumier.
Physiologiquement : matière fertilisant la terre.
Chimiquement : sécrétion salivaire + gastrique + intestinale + squelettes + vêtements alimentaires.

*Un mot du mot de Cambronne*

Historiquement : « à Rome, on ne faisait pas de difficultés de parler de merde. Horace, le délicat Horace et tous les poètes du siècle d'Auguste en parlent à cent endroit. »
*Mathématiquement : merde = merde et non pas = offense.*

*N° 8*
*Etiologie des trois maladies mentales de Quincke*
du chapitre XIII : c'est une erreur (= un délire).

En effet, par exemple :
animal = animal, et non pas
animal = moi ou Durand. Et,
moi — moi même,

Durand = Durand, et non pas
Durand = animal ou fumier, etc.

Prendre Durand pour un animal ou un fumier, etc., de même que Durand se prenne pour un animal ou un fumier, etc., *ce sont des erreurs (des délires) grossières.*

La vérité est que :
Durand est Durand
Durand = Durand et
fumier est fumier
fumier = fumier.

### N° 9

« — A votre place, je lui parlerais plutôt comme je vous parle, par exemple à ce moment (avec yeux mentaux et d'une voix mentale). Elle s'apercevait.

— Ah ! non ! Pas moi ! Pas moi !

Comme tout s'arrangerait à merveille, si les chefs de service faisaient faire administrer toute opothérapie à dose thérapeutique. L'hypophyse, la surrénale aussi bien que l'extrait ovarien ou les ovule-spermatozoïde parlants et visuels. Pour ces derniers la dose thérapeutique (dosage biologique) :

C'est la dose mentale-corticale (antidémente) :
Regards, voix, mimique mentaux-corticaux (8).

*Antagonistes :* les doses toxiques :
Regards, voix, mimiques déments-médullaires.

*Mens-Corticalité* contre Démens-Moelle.

Rougeole appelle rougeole, démence appelle démence.

### N° 10

Il y a cent ans, Semmelweis demande — en vain — la désodorisation des mains des accoucheurs, et un drap propre pour chaque malade.

Cinquante ans après la découverte du traitement de la rage, est-il tôt de demander la même chose aux médecins-psychiatres, accoucheurs de l'Imagination. « Il y a des hommes qui arrivent trop tôt. »

### N° 11

*Expérience :* Un supérieur hiérarchique (général, professeur, *maîtresse*) jugeant mal un acte, injecte à un homme ou une femme, le virus sonore idiot sur un ton dément : « Idiot ! »

*N° 12*

« MM. le chef de clinique et l'interne : Ça, vous savez, là, il n'y a rien d'invraisemblable.

Opothérapie mentale [de l'esprit] et corticale à prescrire aux infirmiers. »

*N° 13*
*Le regard et la voix mentaux-corticaux*

*Traitement*

1. *Aider le mens alité par l'opothérapie mentale.*

*N° 14*

« — Je suis un dégénéré magnanifique.

(Mépriser = disprezziare. Est-il juste d'apprécier quelque chose au-dessous, au-dessous de sa valeur : le mépriser. C'est une diminution, une erreur = une démence).

— Je me répète comme un phono qui n'avance pas. »

*N° 15*

« 4 = 3 (diminuer) ;
4 = 5 (augmenter) ;
Par contre, est vérité, vérité de dire que :
4 = 4. *Il fallait faire une équation.*
Et de même, en ce qui concerne
les faits (ce qui revient à dire : les hommes), et
les choses : est démens l'erreur.

(D'ailleurs, démens n'est pas compte, il est toujours temps de revenir sur un démens commis.)

Pour exemples :
A. — Un homme.
B. — Un fait.
C. — Une chose.

A. — Un homme

Est démens = erreur de dire, *que* :
Vous êtes un misérable, pervers, brutal 4 = 3 *diminuer*
Vous êtes un grand homme 4 = 5 *augmenter.*

Par contre, est vérité de dire, que vous êtes vous-même 4 = 4 *équation.*

*N° 16*

## B. — Un fait

Un homme a uriné par sa peau dans la rue.
Est démens = erreur de dire que :
*a)* ce fait = une perversion, 4 = 3, *diminuer* ;
*b)* ce fait = un fait glorieux, 4 = 5, *augmenter*.
Par contre, est vérité, une équation, de dire, l'effet
que le fait a produit : l'action (pharmacodynamique) du
faire sur les divers appareils :
Le fait :
— m'a fait dire que c'est un fait glorieux ;
— m'a fait dire que c'est une perversion ;
— m'a fait m'écrier, c'est dégoûtant ;
— m'a eu aucune effet ;
— m'a fait évanouir, vomir, etc. ;
— m'a fait dire : s'il vous plaît, ne faites pas ça, etc.
Ce ne sont que des équations : des actions (phar-
macodynamiques), et non pas des erreurs — des démences.

## C. — Une chose : un bibelot

Est démens = erreur de dire que :
— le bibelot = une idiotie, 4 = 3, *diminuer* ;
— le bibelot = un chef-d'œuvre, 4 = 5, *augmenter*.
Par contre, est vérité de dire que :
le bibelot = le bibelot même, 4 = 4, *équation*.
Et de même, est vérité de dire :
L'effet que la chose a produit : *son action (pharmacodynamique) sur les divers appareils-organes :*

*N° 17*

« En effet, c'est une erreur grossière que de prendre
Durand ou Smith pour un animal ou du fumier, etc., de
même que c'est une erreur grossière que Durand ou Smith
se prenne pour un animal ou du fumier, etc. La vérité
est que :
Durand est Durand
Durand = Durand, et
fumier est fumier
fumier = fumier. »

*N° 18*

B. — 4 = 5 augmenter          erreurs
     4 = 3 diminuer

```
4 = 4 équation          vérité
une chose = chef d'œuvre : augmenter : erreur
une chose = idiotie : diminuer : erreur
une chose = cette chose même : équation : vérité
un fait = grandeur : augmenter : idéaliser : erreur
un fait = bassesse : diminuer : idiotiser : erreur
un fait = ce fait même : équation : vérité
M. N. = un grand homme : augmenter : idéaliser :
erreur
M. N. = une brute : diminuer : idiotiser : erreur
M. N. = M. N. même : équation : vérité
```
*Est démence-démens toute erreur : 1, 2.*
1) *tous les délires étant des erreurs, sont des démences, démens.*
2) Toute diminution ou augmentation, idiotisation ou idéalisation étant une erreur, est une démence, un démens.

Le diagnostic de schizophrénie s'impose. Nous sommes là en présence d'un échantillon très typique de la variante *rationaliste morbide* de cette affection au sens des théories du Docteur E. Minkowski. Les *équations* au moyen desquelles la pensée essaye d'*avancer* sont caractéristiques.

Dans un article publié en 1946, j'ai essayé d'interpréter le *rationalisme morbide* comme une *obsession de l'identité (Identitätszwang)* [2]. Selon Emile Meyerson l'identification est une dimension essentielle du cheminement de la pensée mais c'est aussi un facteur statique qui doit être contrebalancé par l'*intuition du divers* dont la fonction est de maintenir le contact avec la réalité. Cette *obsession de l'identité* qui caractérise la démarche intellectuelle des schizophrènes, se manifeste aussi par une forme *sui generis* de l'expérience symbolique rappelant le symbolisme totémique des *primitifs* au sens des théories de Levy-Bruhl ; le schizophrène postule une identité totale du symbole et de l'objet symbolisé alors que l'intelligence normale se contente d'une identité partielle.

Les passages 3, 4, 6, 7, 14, 15, 16 et 17 illustrent bien cette *logique* prisonnière du principe de l'identité dont l'observation lui interdit tout véritable « cheminement ».

Le premier penseur moderne à entreprendre une critique systématique d'une *logique de l'identité pure* est sans doute Hegel.

> « Mais un des principaux préjugés de la Logique,
> telle qu'elle a été comprise jusqu'ici, et de la représentation,
> consiste à voir dans la contradiction une détermination
> moins essentielle et immanente que l'identité ; alors que
> s'il pouvait ici être question de hiérarchie et s'il fallait
> persister à maintenir ces deux déterminations isolées l'une
> de l'autre, c'est plutôt la contradiction qui serait la
> détermination la plus profonde et la plus essentielle. C'est
> que l'identité est, comparativement à elle, détermination
> du simple immédiat, de l'Etre mort ; mais elle, la contra-
> diction, est la racine de tout mouvement et de toute
> manifestation vitale ; c'est seulement dans la mesure où
> elle renferme une contradiction qu'une chose est capable
> de mouvement, d'activité, de manifester des tendances ou
> impulsions.
>
> (*Science de la Logique*, Tome II, Paris, Aubier,
> 1949, p. 67.)

Le mouvement est contradiction : l'exemple des Eléates
(Achille et la tortue) le montre. Il est contradictoire de
supposer un corps en un lieu et en même temps en un
autre : sans cette contradiction il est impossible de comprendre
le mouvement. La pensée des schizophrènes est prisonnière
de l'identité et n'admet guère la contradiction qualifiée tout
bonnement *d'erreur*. (Passages 6 et 7.) Dire que Durand est
un animal (ou que Mlle X est un ange) constitue sans doute
une *erreur* ; c'est cependant une façon d'enrichir notre information sur ces personnes. Dire que Durand = Durand, c'est
énoncer une vérité absolue mais c'est aussi l'arrêt du « cheminement de la pensée » pour employer la terminologie
d'Emile Meyerson. Cette obsession schizophrénique de l'identité implique une incompréhension du mouvement ; *rationalisme
morbide* et catatonie sont donc des phénomènes corrélatifs.
L'étude de la logique schizophrénique constitue ainsi une
confirmation *a contrario* de la validité de la dialectique à la
fois comme principe logique et comme principe existentiel [3].

Les citations 1, 2, 5, 10 sont exemples typiques de ce
*symbolisme de l'identité absolue* dont il a été question plus haut :
pour une intelligence normale, l'exclamation : « vous êtes un
sale type » n'est guère qu'une appréciation défavorable sur

la moralité de l'interlocuteur ; quant au délirant, il n'en saisit que la signification *simple immédiate*, donc pré-dialectique. La scène Dupont-Smith (citation n° 5) illustre bien ce phénomène de même que le passage 11 dans lequel le mot *maîtresse* est compris, au pied de la lettre, comme une *supérieure hiérarchique* ! Le principal intérêt de ce cas est de projeter une vive lumière sur les mécanismes logiques de la pensée délirante. En publiant, à ses propres frais, cet ouvrage, l'ancien malade a rendu service à la recherche psychiatrique, ce dont il convient de lui rendre un hommage posthume.

## NOTES

1. Eugène MINKOWSKI, *La Schizophrénie*, Paris, Payot, 1927.
2. Cette hypothèse d'une prépondérance *parasitaire* de l'identification dans la logique schizophrénique, a été émise indépendamment de moi et presque en même temps, par mon ami Silvano Arieti, psychiatre connu à New York. (Cf. *La Fausse Conscience*, p. 173, où je résume le point de vue d'Arieti.) Ma formulation présente par rapport à celle d'Arieti l'avantage de rattacher ce phénomène à l'opposition, entrevue par Lukàcs, entre réification et dialectique et par voie de conséquence au problème de la logique idéologique (le concept de *fausse identification*).
3. Mon maître le Docteur Minkowski, certainement l'un des plus grands penseurs dialectiques de ce temps, m'a demandé un jour de définir la dialectique. J'ai donné la définition suivante : « la dialectique c'est l'opposé de la manière de penser et de vivre de vos schizophrènes ». Je pense aussi à l'extraordinaire passage sur la folie dans l'*Encyclopédie* de Hegel (Ed. française de 1952, p. 223) qui anticipe sur les grands thèmes de l'analyse existentielle contemporaine (Binswanger), ceci à une époque où la psychiatrie officielle est encore prisonnière du monopole de l'explication organiciste. C'est à se demander si pour comprendre le sens humain du délire, il ne vaut pas mieux être dialecticien que clinicien.

# II

# PROLÉGOMÈNES À UNE THÉORIE MARXISTE DE LA VALEUR (AXIOLOGIE ET DIALECTIQUE) *

L'hypothèse que je me propose de défendre dans cet exposé est que l'expérience axiologique (autrement dit la perception de la réalité sous l'angle de la valeur) reflète la perception de la *dialecticité* du réel (postulat de l'équivalence axio-dialectique).

La dialectique en question est celle qui sous-tend la réflexion de G. Lukàcs et de L. Goldmann et, dans une certaine mesure, de M. Merleau-Ponty et H. Lefebvre. Le concept de dialectique, enjeu d'un débat politique, est de ce fait profondément idéologisé ; il y a désormais *des dialectiques* comme il y a *des marxismes*. Préciser de quelle variété de la

---

* Exposé au colloque « Statut de la dialectique dans les sciences humaines » organisé par le Centre Universitaire de Recherche Sociologique d'Amiens, Chantilly, Septembre 1977).

dialectique on se réclame, constitue dès lors un devoir
d'honnêteté intellectuelle et un moyen de parer au danger
de confusion.

Les deux piliers de la dialectique lukàcsienne sont l'historicité de l'être et la catégorie de totalité, cette dernière
étant pratiquement synonyme de la *Gestalt* ou « forme » des
psychologues. Chacun de ces deux postulats a été objet de
critiques de la part des tenants du marxisme orthodoxe. En
ce qui concerne la dimension historiciste de la dialectique,
le débat rejoint celui soulevé par l'Ecole d'Althusser avec sa
prétention de constituer (ou de *reconstituer*) un marxisme libéré
de l'hypothèque historiciste perçue comme la séquelle d'in-
fluences philosophiques pré-marxistes. Quant à certaines critiques marxistes de l'école gestaltiste, il est curieux de constater
qu'elles incriminent précisément l'absence d'une dimension
historico-génétique dans l'œuvre des principaux représentants
de cette école. « Ce que Pavlov reproche à la Gestalt-théorie,
ce n'est nullement d'avoir insisté sur le caractère d'unité de
la perception, c'est d'avoir de cette unité une conception
idéaliste : on ne sait de quoi elle naît, d'où elle vient » [1].
Dans ce même passage Garaudy reproche aux gestaltistes,
avec l'appui d'une citation hégelienne d'ailleurs fort suggestive,
de rééditer une idée vieille d'un siècle ; il ne se rend pas
compte que cette mise en question de l'*originalité* de la *Gestalt*
est aussi reconnaissance implicite de sa *valeur dialectique*. La
critique de R. Garaudy, de même que celle, antérieure en
date, de Jean Piaget [2] peut donc concerner l'œuvre personnelle
de certains psychologues de la forme coupables de méconnaître
l'importance de la dimension génétique du problème ; elle
ne saurait mettre en question la validité du principe de la
*Gestalt* et encore moins celle de la catégorie dialectique de
la totalité telle que la conçoivent les marxistes de la mouvance
lukàcsienne.

Goldmann définit le marxisme comme un « structuralisme
génétique » : l'expression « historicisme de la totalité », pratiquement synonyme, est peut-être préférable, car elle évite

la confusion avec la terminologie d'une autre école. L'essentiel, c'est que la solidarité intime des deux dimensions de la dialectique — l'historicité de l'être et la catégorie de la totalité — soit clairement soulignée. Sans dimension historique, la totalité est comme suspendue dans le vide et — R. Garaudy a vu parfaitement clair sur ce point — résiste malaisément à la tentation idéaliste. Sans l'apport de la catégorie de la totalité, le dynamisme autonome de l'Histoire demeure inexpliqué. « La dialectique est une logique du mouvement. Dans ce monde peuplé de forces affrontées, le mouvement est un corollaire de l'universelle interdépendance. Si tout se tient, tout se meut », écrit encore Garaudy [3]. Ajoutons que la loi dialectique de la transformation de la quantité en qualité peut parfaitement être déduite de la validité de la catégorie de la totalité, comme cela ressort clairement d'un texte d'Engels [4].


*Bergsonisme et dialectique*

Le concept lukàcsien de la dialectique n'est pas à notre sens fondamentalement différent de celui qui sous-tend la pensée de Bergson. Un secteur non négligeable de l'*Intelligentsia* progressiste de Budapest a perçu l'œuvre bergsonienne, comme une philosophie dialectique de la désaliénation [5]. Dès ses débuts l'entreprise philosophique bergsonienne est en effet *pensée contre* ce que les marxistes désigneront plus tard par le terme de *réification* ; le fait apparaît avec une particulière netteté dans son essai sur la signification du comique (*Le Rire*, 1900). Ces précisions sont nécessaires puisque l'œuvre d'un grand psychopathologiste d'orientation bergsonienne (Eugène Minkowski), est l'une des principales références du présent travail.

Or, il se trouve que chacune de ces deux *composantes* de la dialectique lukàcsienne a son prolongement dans le domaine axiologique : la théorie de Wilhelm Ostwald pour ce qui concerne la composante historiciste, celle de Wolfgang Köhler quant à la composante *totaliste*.

### Historicité et valeur : le point de vue de W. Ostwald

Ostwald a publié son axiologie en 1913 [6]. A cette époque la théorie de l'entropie était à la mode et on en tirait volontiers des conclusions philosophiques plus ou moins pertinentes. Il existe, selon la formule du physicien Eddington, *une flèche dans le temps* ; la temporalité irréversible comporte un *sens* dans l'acception double de ce terme (*Sinn* et *Richtung*). Dans un continuum *sans flèche* (comme l'espace) une destruction de valeurs (comme par exemple le bûcher des libres sous le nazisme) manquerait de sérieux puisqu'il suffirait de revenir en arrière dans le temps, pour en annuler les effets. L'irréversibilité du temps historique atteste le sérieux du fait axiologique ; l'Histoire n'est pas un jeu où l'on peut crier « pouce » et revenir à la case de départ. L'axiologie d'Ostwald postule la qualité axiogène autonome du temps historique [7] ; l'Histoire crée ses valeurs, elle ne se contente pas de *réaliser* (un peu au sens que l'on donne à ce terme en Bourse) des valeurs extra-historiques, d'origine divine dans les philosophies religieuses de l'Histoire (Bossuet et Herder), d'origine biologique pour le racisme. Cette autonomie axiologique de l'historicité est une dimension importante — et peut-être un peu méconnue — de l'historicisme. En couronnant Charlemagne empereur, le pape Léon III a créé une *valeur historique*, mais cette valeur revêt une signification différente avec chaque avatar historique de la dignité impériale ; elle est donc, pour employer la terminologie d'Eugène Dupréel, à la fois *consistante* et *précaire*. L'axiologie historique du totalitarisme se caractérise par une certaine prépondérance de la « précarité » aux dépens de la *consistance* [8].

*Axiologies de la totalité : Köhler et Lukàcs*

L'axiologie de Wolfgang Köhler est une théorie gestaltiste — donc en principe *dialectique* — de la valeur.

Selon R. Ruyer « la récente tentative de Köhler plus approfondie et moins ambitieuse que la théorie d'Ostwald, n'en est pas essentiellement différente »[9]. Non seulement cette théorie n'est pas « essentiellement différente » de celle d'Ostwald ; elle en constitue même l'indispensable complément. Ostwald souligne le caractère *axiogène* de l'*historicité* ; Köhler montre celui de la *totalité*. Les deux convergent vers le même constat : la qualité axiogène de la *dialectique*. Nous percevons les valeurs dans la mesure où nous percevons la *dialecticité* du réel.

Le point de départ de l'entreprise philosophique de W. Köhler aura été, on le sait, l'étude des *formes physiques (physische Gestalten)* ; sa démarche rappelle celle de Frédéric Engels dans sa *Naturdialektik* et dans l'*Anti-Dühring*. Raymond Ruyer classe la théorie de Köhler parmi les axiologies « naturalistes » (Ruyer, *loc. cit.*) ; son caractère *dialectique* paraît plus évident.

Ces formes physiques tendent spontanément vers un *ordre* et lorsque cet ordre est troublé par une influence extérieure, elles tendent à y revenir dès que cette influence aura cessé d'agir. On y discerne l'ébauche d'un *comportement axiologique*, tout comme on discerne classiquement dans le phénomène de l'hystérésis une ébauche anorganique de la fonction de mémorisation. Pour remédier au désaccord qui divise les auteurs quant à la délimitation du domaine de l'axiologie, Köhler introduit le concept de *requiredness*[10] terme anglais malaisé à traduire et qu'à l'exemple de R. Ruyer je préfère conserver entre guillemets. La structure d'une mélodie exige *(requires)* la présence de certaines notes sous peine de tomber dans la cacophonie. Pour l'axiologie gestaltiste « forme dynamique et *requiredness* ou valeur ayant exactement les mêmes propriétés, sont une seule et même chose » [11]. Nous retrouvons ainsi, sous la plume de deux auteurs étrangers au marxisme, le concept dialectique de *totalité axiogène*. Quant à Lukàcs il n'a pas attendu l'essor relativement récent des théories de la *Gestalt* pour constater dès 1911 — donc avant même de devenir marxiste — que « la forme est le plus haut juge de la vie. La capacité structurante comporte une force directrice donc un facteur éthique ; le seul fait d'être structuré, implique donc un jugement de valeur » [12].

### *L'axiologie dialectique d'Eugène Dupréel :*

C'est dans cet esprit que l'on peut procéder à une *relecture dialectique* de l'axiologie d'E. Dupréel. Il ne s'agit pas d'en faire de force un « marxiste malgré lui » ; l'interprétation dialectique — et partant potentiellement marxiste — de sa théorie est naturellement personnelle à l'auteur de ces lignes. Cette axiologie dialectique est assortie d'une critique philosophique implicite de la réification, encore que ce terme, d'origine marxiste, ne fasse pas partie du vocabulaire de base du penseur belge.

Dupréel considère les valeurs supérieures comme résultant de l'unité contradictoire *(dialectique)* de deux dimensions apparemment inconciliables : consistance et précarité. Une valeur uniquement consistante *(réifiée)* serait donc une fausse valeur. L'histoire des idéologies offre quelques bons exemples de ces valeurs réifiées de pure consistance comme la Grâce selon la théologie calviniste ou la *valeur* raciale dans l'esprit des théories racistes. Entre ces deux dernières formes d'une axiologie *réifiée* une certaine continuité historique a pu être postulée [13]. Quant aux valeurs exclusivement *précaires* (un bon repas, une aventure passagère), ce ne sont pas là obligatoirement de fausses valeurs mais certainement des valeurs d'un rang inférieur. Laissons la parole à l'auteur de l'*Esquisse d'une philosophie des valeurs :*

> « Poser la valeur comme unique, c'est la poser autre-
> ment que comme valeur, *comme une chose*, n'étant ni consis-
> tante puisqu'elle varie selon les déterminations qu'on lui
> donne, ni précaire puisqu'il faudrait la tenir pour existante
> en tout état de cause. Encore une fois, telle est bien
> l'erreur des classiques, inventeurs du Souverain Bien, d'un
> ordre modèle unique et universel, et aussi celle de tous
> les fanatismes, quelque haute qu'en soit l'inspiration : au
> nom d'une forme unique de la valeur on n'a qu'injure et
> mépris pour la valeur que l'on conseille de sacrifier, *on*
> *veut qu'y renoncer ce ne soit renoncer à rien, tout le bon et le*
> *désirable étant du côté où il s'agit d'aller* [14]. »

Ce texte capital met en évidence la structure dialectique
du monde des valeurs ; il comporte aussi une critique tout
à fait explicite de la réification, assortie d'un argument anti-
totalitaire. A la lumière de l'axiologie dupréelienne la démocratie pluraliste apparaît en effet comme le régime politique
*axiogène* par excellence ; en soulignant l'importance de la vertu
pour la démocratie, les penseurs des Lumières n'ont pas dit
fondamentalement autre chose.

Cette axiologie dialectique s'articule avec certains aspects
de la théologie chrétienne et aussi de la dernière théorie
freudienne des instincts. La présence dans notre vie psychique
d'un instinct de mort ne signifie pas que l'homme *veut mourir* ;
elle traduirait plutôt le fait que la vie est ressentie comme
une valeur au sens dupréelien du terme : une synthèse
dialectique de consistance et de précarité. On trouvera une
illustration de cette idée dans une fiction célèbre : *Les Voyages*
*de Gulliver* de Jonathan Swift. Un jour le héros de ce roman
débarque dans un pays curieux appelé *Luggnagg* dont certains
habitants, appelés les « Struldbrug », *sont immortels*. Le Docteur
Gulliver apprend, avec une satisfaction compréhensible, cette
défaite inattendue de son vieil ennemi le Mort mais il ne
tarde pas à déchanter car, contre toute attente raisonnable,
les « bénéficiaires » de cette valeur dépourvue de précarité,
sont profondément malheureux. Tout comme la grande Sainte
Thérèse d'Avila, ils meurent d'envie de mourir (« ... yo muero
porqué no muero ».) Dans ce passage génial, l'auteur des

*Voyages de Gulliver* apparaît bien comme un authentique précurseur de l'axiologie *dialectique* d'E. Dupréel et aussi, dans une certaine mesure, de la psychanalyse.

Quant à la théologie chrétienne, la double nature du Christ — divine donc consistante et en même temps humaine et partant précaire — traduit la même idée sous-jacente. Les dieux de la Grèce sont surtout précaires : Chronos est renversé avec tous ses collaborateurs comme un vulgaire président du Conseil de feue notre 4e République. Curieusement alors que Chronos = Temps, les Juifs désignent parfois Jahve par le pseudonyme « Hamakom » = le lieu = espace pur. Jahve dit aussi « ehje aser ehje » (Je suis ce que je suis). Des grandes religions monothéistes le christianisme est donc seul à être sous-tendu par une axiologie dialectique ; je soumets cette idée à ceux qui cherchent un dénominateur commun au marxisme et au christianisme.

### *Logique réifiée et régression axiologique chez les schizophrènes*

Qualifiée dès 1929 de « grande expérience de la Nature », par le psychiatre autrichien Joseph Berze, la schizophrénie est une maladie mentale dont il est superflu, après Deleuze. Guattari, Jaccard, Emmanuel Todd et tant d'autres, de souligner l'intérêt pour les philosophes. Le Docteur Eugène Minkowski, qui n'était pas marxiste mais certainement un très grand dialecticien dans le sillage de Bergson, a mis en évidence une véritable réification de la logique chez ces malades : le rationalisme morbide. Silvano Arieti a de son côté montré la prépondérance anormale de l'identification dans la logique schizophrénique. D'autres ont insisté sur la déchéance de la praxis (Binswanger) et celles de la perception des totalités (Lauretta Bender) etc. [15].

Or, cette dégradation de la qualité dialectique des fonctions mentales est parallèle à une dégradation axiologique. La froideur affective des schizophrènes est une donnée clinique classique ; tous les étudiants en médecine connaissent l'exemple du malade qui recevant sa mère, se jette sur les friandises apportées, sans se soucier de la visiteuse. L'isolement social de ces malades — l'autisme — est probablement un phénomène de déficience axiologique ; leur immobilité connue sous le nom de *syndrome catatonique*, peut de son côté être interprétée comme résultat de l'existence dans un espace axiologiquement homogène — l'espace de l'âne de Buridan — où aucun stimulus privilégié ne sollicite l'action. Cette interprétation ne confirme ni n'infirme celles incriminant une action toxique ou infectieuse (Baruk) ; elle se situe à un autre niveau. Ce n'est pas le lieu d'entrer dans des considérations purement médicales. La seule constatation qui importe ici est que, chez ces malades, dégradation dialectique et régression axiologique marchent de pair.

## Les perversions

Erwin Strauss avait souligné, il y a longtemps déjà le rôle d'ailleurs évident de phénomènes de dévalorisation dans les perversions sexuelles. Le terme « réification de la sexualité » est employé pour la première fois à notre connaissance par Igor A. Caruso qui perçoit la réification non seulement dans le fétichisme — où elle est évidente — mais, de façon plus discrète, dans bien d'autres aspects de la perversion sexuelle [16]. Peut-on parler d'un processus de dédialectisation de la relation sexuelle ? Sans entrer ici dans des détails envisagés ailleurs, je me borne à renvoyer au vieil et génial article de von Gebsattel [17] qui interprète le fétichisme en termes de détotalisation — autrement dit de dédialectisation — de l'altérité sexuelle. La dimension psychanalytique du problème, importante en elle-même, n'intervient pas ici. L'essentiel est de retrouver, une fois de plus, la concordance d'un processus de dédialectisation et de dégradation axiologique.

*Réification axiologique et logique prédialectique chez l'enfant*

L'ouvrage de Jean Piaget *Le Jugement moral chez l'enfant* (1927) contient, dans un contexte non-politique, une critique implicite des morales quantitatives de la pure utilité (comme celle de la Raison d'Etat). Jusqu'à un certain âge l'enfant interrogé sur la valeur morale de gestes généreux mais maladroits ayant causé des dommages importants et des gestes égoïstes responsables de dégâts minimes, octroie systématiquement ses préférences aux seconds. A cette morale réifiée [18] correspond, chez l'enfant, une logique également réifiée, pré-dialectique. Dans sa polémique contre la *Gestalt* [19] Piaget a montré que la structure totalisante de la perception, mise en valeur par les psychologues de la forme, n'est pas une constante innée de la vie psychique mais le fruit d'un apprentissage et d'une maturation. L'homme ne naît pas dialecticien; il le devient [20].

*Dialectique et axiologie dans le stalinisme*

Les rapports du stalinisme avec la dialectique ont toujours eu un caractère paradoxal. En théorie le stalinisme s'est toujours réclamé d'un matérialisme *dialectique* mais la logique qui présidait à ses manifestations intellectuelles concrètes (journalistiques entre autres) se trouvait le plus souvent aux antipodes de la dialectique [21]. Dès avant la mort de Lénine, Karl Korsch [22] a diagnostiqué les prodromes de cette évolution paradoxale appelée à atteindre son apogée à l'époque du stalinisme sous la houlette de Jdanov. Ce processus de dédialectisation a eu lieu à deux niveaux : celui d'une logique de l'amalgame *(fausse identification)* dans le discours politique et journalistique courant et celui d'une censure constante, sous prétexte d'*idéalisme* visant des théories authentiquement dialectiques comme la psychanalyse, la Relativité ou la *Gestalt*.

Le corollaire axiologique de ce processus de dédialectisation logique aura été, dans l'univers mental du stalinisme,
un phénomène un peu oublié mais qui, vers 1950 a fait
couler un peu d'encre : la *morale objective*. Des penseurs du
rang d'une Simone de Beauvoir ou d'un Maurice Merleau-
Ponty s'intéressaient à ce phénomène sans avoir perçu ses
analogies, pourtant patentes, avec les données analysées par
Jean Piaget dans le *Jugement moral chez l'enfant*. Tout cela
appartient désormais à l'histoire des idéologies ; le rejet de
la dialectique par le marxisme officiel est bien moins marqué
aujourd'hui qu'à l'époque du stalinisme et nul ne parle plus
de la fameuse *morale objective*. Leur coïncidence passée, de
même que la simultanéité de leur régression, n'en restent
pas moins significatives.

*Historicité et axiologie dans l'idéologie nazie*

L'idéologie du mouvement hitlérien était profondément
anti-historiciste : constat évident qui devrait faire réfléchir les
défenseurs d'un *marxisme* non-historiciste. Les maîtres à penser
du nazisme n'avaient eu que le mot *Histoire* à la bouche ;
la philosophie hitlérienne de l'Histoire n'en était pas moins
une négation du postulat de l'« autonomie axiologique de
l'historicité » puisque les « valeurs » que défendait l'action
politique du Troisième Reich étaient d'origine extra-historique
(biologique). Pour le racisme, l'Histoire est « ancilla biolo-
giae ».

A cet anti-historicisme correspond, dans l'idéologie nazie,
une axiologie politique étrange caractérisée par la dissociation
de deux dimensions en principe inséparables de *consistance* et
de *précarité*. Selon la forte expression de René Alleau, « la
monstruosité de l'hitlérisme provient de l'hétérogénéité totale
de ces deux logiques de la déification et de la réification
appliquées simultanément à la condition humaine qui n'a

jamais été aussi fanatiquement exaltée ni si démesurément abaissée au cours de l'histoire » [23].

Sans atteindre le niveau de « consistance totale » que la théologie calviniste octroie à la Grâce, la *valeur* raciale n'en est pas moins une forme de valeur largement réifiée et de ce fait dominée par la dimension de la consistance. Il fallait beaucoup — au moins une maladie mentale incurable — pour qu'une personne d'origine aryenne soit déclarée déchue de la valeur biologique dont elle était censée être porteuse ; inversement, une personne appartenant à une *race inférieure* pouvait être momentanément investie d'une valeur instrumentale, mais c'était là, aux yeux des racistes, une valeur exclusivement *précaire*. Le nazisme aura donc été un processus de dévalorisation volontaire de ses adversaires, mais aussi d'autodévalorisation et d'autodépersonnalisation involontaires [24], curieuse confirmation expérimentale de l'axiologie dupréelienne précisément en tant qu'axiologie anti-totalitaire. Et il est peut-être bon d'ouvrir ici une parenthèse. Le problème de l'aliénation est actuellement à l'ordre du jour aux Etats-Unis autant, sinon davantage, qu'en France, où l'intérêt qu'il a suscité dans les milieux universitaires est en baisse. Or, les théoriciens américains de ce problème (sous l'influence probable du plus connu d'entre eux, Melvin E. Seeman) voient l'essence de l'aliénation dans l'anomie *(normlessness)*. Participant, en 1974, aux travaux de la section « Aliénation » du Congrès Mondial de Sociologie (Toronto), j'ai pu constater que les travaux de la plupart de nos collègues américains étaient tributaires de cette conception.

Conception singulièrement dangereuse car, d'après elle, le nazisme ne serait pas une doctrine aliénante et, partant, ne serait pas une idéologie au sens marxiste (péjoratif) de ce terme ! Le monde propre du nazisme n'avait strictement rien d'anomique ; il était saturé d'une « valeur » privilégiée protégée par des sanctions sévères : la valeur raciale. C'est là une réduction à l'absurde qui relève de la « raison pratique » de Kant ; elle n'en est pas moins valable. Si nos recherches sur l'aliénation devaient aboutir à dédouaner, fut-ce partiellement, le nazisme, dans ce cas autant suivre le conseil de certains marxistes et jeter toute la théorie de l'aliénation dans la poubelle des idéologies.

L'approche axio-dialectique permet ici d'aplanir la difficulté. Le monde propre du nazisme était aliénant, non parce qu'il était vide de valeurs, mais précisément dans la mesure où il était saturé d'une pseudo-valeur réifiée qui rompait l'équilibre dialectique *consistance-précarité* dans la totalité du champ axiologique.

La maturation axiologique et la maturation dialectique de l'homme accusent donc un parallélisme significatif. C'est au terme d'une évolution et au prix d'une maturation dialectique et *dialectisante* que l'homme accède au rang d'*animal valorisateur*, capable de transcender l'immédiat axiologique (l'axiologie des valeurs élémentaires). Une telle évolution peut naturellement comporter des phénomènes de régression à l'échelle individuelle ou collective, régression dont l'étude ressortit à la problématique générale de l'aliénation. La *chute dans l'idéologie* (autrement dit, l'apparition de la fausse conscience) est tributaire d'une régression axio-dialectique de ce genre, ce qui rend compréhensibles les analogies de la logique idéologique et de la logique schizophrénique. « La parenté de structure entre certaines psychoses et entre la vieille catégorie de la schizophrénie (variante paranoïaque) et la fixation idéologique, est réellement stupéfiante » écrit Emmanuel Todd [25].

## NOTES

1. Roger GARAUDY, La *théorie matérialiste de la connaissance*, Paris, 1964, p. 164 sq.
2. Cf. plus loin p. 110 sq.

3. R. GARAUDY, « Contradiction et totalité dans la logique de Hegel » *Revue Philosophique*, janvier-mars 1964, p. 69. Mannheim a de son côté vivement souligné l'importance de la totalité pour la démarche historiciste. Cf. MANNHEIM : « Historismus », *Archiv für Sozialwissenschaft und Sozialpolitik*, 1924, p. 53 et Eva GÀBOR : « Mannheim et la dialectique » in Gabel, Rousset et Trinh Van Thao : *Actualité de la Dialectique*, Paris, Anthropos, 1980, p. 428 et passim.

4. « Pour finir, nous invoquerons encore un témoin en faveur de la conversion de la quantité en qualité : Napoléon. Voici comment il décrit le combat de la cavalerie française mal montée, mais disciplinée, contre les Mameluks, incontestablement la cavalerie de ce temps la meilleure pour le combat singulier, mais sans discipline. Deux Mameluks étaient absolument supérieurs à trois Français; 100 Mameluks et 100 Français se valaient ; 300 Français étaient habituellement supérieurs à 300 Mameluks ; 1 000 Français culbutaient toujours 1 500 Mameluks. Exactement comme, chez Marx, une grandeur minimum déterminée, quoique variable, de la somme de la valeur d'échange était nécessaire pour que fût possible sa transformation en capital, de même, chez Napoléon, un détachement de cavalerie d'une grandeur minima déterminée était nécessaire pour que la force de la discipline, qui reposait sur l'ordre fermé et l'utilisation méthodique, pût se manifester et grandir jusqu'à triompher même de masses plus grandes de cavaliers irréguliers mieux montés, plus habiles à cheval et au combat et au moins tout aussi courageux ». (F. ENGELS, *Anti-Dühring*, Paris, Ed. Sociales, 1963, p. 162). L'exemple montre clairement que la loi de la transformation de la quantité en qualité n'est guère qu'une conséquence de la validité de la catégorie de la totalité, telle que l'envisage Lukàcs.

5. Il s'agit de l'Europe Centrale d'avant la première Guerre Mondiale; *Histoire et Conscience de Classe* parue en 1923 appartient encore à ce contexte. Pour ce qui concerne la dimension dialectique du bergsonisme cf. Werner STARK, *The Sociology of Knowlege, an essay in aid of a deeper understanding of the history of ideas*, The Free Press Press, Glencoe, 1958, p. 315; V. JANKÉLEVITCH : *Henri Bergson*, Paris, PUF, 1959, p. 5-27 (rôle de la catégorie de la totalité chez Bergson) et GABEL : *Mannheim et le marxisme hongrois*, Paris, Méridiens-Klincksieck, 1987, p. 23.

La *Destruction de la Raison* de Lukàcs contient des jugements sévères sur Bergson mais le Lukàcs de cette époque (1955) est aussi assez sévère avec... Lukàcs (le vrai). Sa correspondance d'entre 1902-1917 publié à Budapest (Ed ; Magvetō 1981) dans laquelle Bergson est souvent cité, ne contient en revanche aucune appréciation défavorable. Cette correspondance atteste également l'intérêt sympathique des milieux progressistes hongrois de l'époque pour la pensée de Bergson.

6. W. OSTWALD, *Die Philosophie der Werte*, Leipzig, A. Kröner-Verlag, 1913, p. 112 et surtout p. 123-124. Cf. aussi Raymond

Ruyer, *Philosophie de la valeur*, Paris, Armand Colin, 1952, p. 141 et Alfred Stern, *La philosophie des valeurs*. *Regards sur ses tendances actuelles en Allemagne*, Paris, Hermann, 1934, t. 1, p. 9.

7. L'affirmation de la qualité *axiogène* de la temporalité historique irréversible ne signifie pas que le temps est le réceptacle des valeurs ; ce serait là une banalité tout aussi valable pour l'espace. Elle signifie, au sens de la théorie d'Ostwald que temporalisation et axiogenèse sont consubstantielles ; le temps est axiogène de par sa nature propre, ce qui n'est pas le cas de l'espace. Deux faits sociaux notoires l'attestent : la prescription et la naturalisation des étrangers. Le phénomène de la prescription implique que le temps rend innocent un délinquant, sans mérites autres que négatifs, et en dépit du fait qu'il s'était soustrait à l'action de la justice. Si l'espace était axiogène, il y aurait une prescription spatiale, or l'éloignement spatial du lieu du crime peut procurer une immunité de fait, il n'a jamais innocenté personne. Quant à la naturalisation des étrangers, elle est accordée — notamment en France et aux Etats-Unis — en fonction d'un long séjour dans les pays d'accueil, même si ce séjour n'est meublé d'aucun mérite particulier. En droit international également le temps crée des droits ; il est donc axiogène.

8. Il s'agit ici naturellement de la révision *totalitaire* des facticités du passé en fonction des exigences idéologiques du présent ; cf. p. 71-85 du présent ouvrage (« Althusser et Orwell »).

9. R. Ruyer, *op. cit.*, p. 141.

10. Wolfgang Köhler, *The place of value in a world of facts*, New York, Liveright Ed., 1938, p. 63 sq.

11. R. Ruyer, *op. cit.*, p. 145.

12. « Die Form ist die höchste Richterin des Lebens. Eine richtende Kraft, ein Ethisches ist das Gestaltenkönnen, und ein Werturteil ist in jedem Gestaltetsein enthalten » (Lukàcs, *Die Seele und die Formen*, Berlin, 1911, p. 370).

13. « La version calviniste de la prédestination implique une idée qui mérite d'être explicitement mentionnée ici, puisqu'elle a trouvé sa plus saisissante réincarnation dans l'idéologie nazie : le principe de l'inégalité de base des hommes. Aux yeux de Calvin, il existe deux catégories de gens — ceux qui sont sauvés et ceux qui sont voués à la damnation éternelle. Donc, les hommes naissent inégaux. » (Erich Fromm, *La peur de la liberté*, Paris, Ed. Buchet-Chastel, 1963, p. 76-77).

14. E. Dupréel, *Esquisse d'une philosophie des valeurs*, Paris, PUF, 1939, p. 101. (Passages soulignés par moi.)

15. Ce résumé étant plus que sommaire, je me permets de signaler qu'un chapitre entier de *La Fausse Conscience* est consacré à cette interprétation « dialectique » de la schizophrénie. (« Le drame dialectique de l'aliénation »).

16. Igor A. Caruso : « Notes sur la réification de la sexualité », *Psyché*, Paris, 1952 reproduit sous une forme élargie dans *Psychanalyse pour la personne*, Paris, Ed. du Seuil, 1962.

17. V. von GEBSATTEL : Uber Fetischismus, *Der Nervenarzt*, 1929.

18. Piaget n'emploie pas le terme *réification* mais le phénomène décrit mérite bien ce qualificatif ; la primauté de la quantité par rapport à la qualité est centrale dans la description lukàcsienne de l'univers réifié.

19. Jean PIAGET, *La psychologie de l'Intelligence*, Paris, A. Colin, 1947, p. 74 sq. Cet argument sera repris dans un contexte plus critique, par R. Garaudy (v. p. 102 du présent ouvrage).

20. Cf. Peter BERGER et Th. LUCKMANN, *La Construction sociale de la réalité*, Paris, Ed ; Klincksieck, 1985.

21. J'ai fait un bilan de ces rapports paradoxaux dans mon article « Communisme et dialectique » paru en 1958 dans les *Lettres Nouvelles*. Evidemment ce bilan ne concerne que la période stalinienne ; la situation idéologique n'est plus la même.

22. Pour cette question — la dédialectisation du marxisme sous le stalinisme — l'ouvrage de Karl Korsch : *Marxismus und Philosophie* (dont la première édition est de 1923 !) est une sorte de classique. Korsch, dont les ouvrages principaux sont désormais accessibles en français, a surtout souligné le recul de l'élément dialectique dans l'effort théorique du parti communiste allemand (Lecture de Hegel « déconseillée »).

De mon côté, j'ai signalé dès 1947 la structure « identificative » du discours quotidien (journalistique) du stalinisme (Cf. « L'âme néo-stalinienne. Esquisse d'une psycho-pathologie ». *Masses*, Paris, Déc. 1947).

Plus près de nous, Léo Kofler, considère que les trois formes les plus caractéristiques de la falsification (*Entstellung)* du marxisme par la bureaucratie stalinienne, sont : a) l'abandon de la dialectique, b) la conception non-dialectique des rapports infrastructure/superstructure et c) l'abandon de l'humanisme marxiste. (Léo Kofler, *Stalinismus and Bürokratie*, Luchterhand Verl., Berlin-Neuwied, 1970, 86-87). Par là, le marxisme bureaucratique retrouve certains thèmes du marxisme vulgaire d'avant la première guerre mondiale ; Kofler considère ce dernier comme le produit de l'adaptation du marxisme à l'ambiance bourgeoise de l'époque (*Op. cit.*, p. 61). Une fois constitué, ce « marxisme » répondait aux besoins idéologiques de la bureaucratie socialiste naissante. Il convient de signaler cependant que la dimension anti-humaniste est *absente* dans le « Vulgärmarxismus », style Kautsky ; elle n'existe que sous une forme masquée dans le stalinisme, alors qu'elle est *présente* dans l'idéologie de la Révolution Culturelle considérée pourtant assez unanimement comme un mouvement *anti-bureaucratique*. En dehors des tendances réifiantes du bureaucratisme, la dédialectisation de l'époque stalinienne avait une autre cause : la russocentrisation de la conscience prolétarienne en Russie et ailleurs, ce qui, à l'instar de toutes les formes d'égocentrisme, devait produire des structures mentales a-dialectiques. Enfin, entre dédialectisation et anti-humanisme, il existe une relation de compréhension (l'équivalence axio-dialectique). Il ne s'agit donc nullement d'une simple coexistence.

23. René ALLEAU, *Hitler et les sociétés secrètes. Enquête sur les sources occultes du nazisme*, Paris, Grasset, 1969, p. 215.

Le culte de la « valeur » raciale réifiée sous le Troisième Reich était peut-être une réaction à l'extrême précarisation des valeurs sous Weimar. Cf. pour détails GABEL, *Réflexions sur l'avenir des Juifs*, Paris, Ed. Méridiens-Klincksieck), p. 191, note 98.

24. Je ne crois pas que le terme *autodépersonnalisation* soit exagéré. Il suffit de rappeler le comportement de certains hauts dignitaires nazis devant la justice alliée.

25. Emmanuel TODD, *Le fou et le prolétaire*, Paris, 1979, p. 32.

# III

# DURKHEIM ET
## L'ALIÉNATION POLITIQUE
## (DURKHEIMISME ET MARXISME) *

Peu de temps avant la Première Guerre mondiale, un jeune ethnologue de l'Ecole de Durkheim, Robert Hertz, a décrit le phénomène des *doubles funérailles* coutumières à certaines tribus de Bornéo [1]. Ces doubles funérailles sont réservées à des personnalités importantes et la durée de l'intervalle entre les deux cérémonies est proportionnelle à l'importance de leur rang dans la société.

Chacun sait qu'il y a actuellement en ethnologie — et même dans une certaine mesure en sociologie [2] — une certaine tendance à considérer l'Ecole de Durkheim comme obsolète ; la mise en question récente du totémisme est sans doute

Publié dans le *Canadian Journal of Sociology* (1984, n° 2). Traduit de l'anglais par Eddy Treves.

l'une des raisons majeures de ce discrédit. Mais si le durkheimisme ne suscite plus guère d'enthousiasme parmi les
ethnologues, il pourrait bien rencontrer un écho favorable
chez les politologues. Les structures mentales que les sociologues français de la Belle Epoque ont cru pouvoir discerner
dans la mentalité dite *primitive*, se retrouvent en effet dans
différents aspects de la mentalité totalitaire et en particulier
dans le racisme. Cela nous amène au cœur même de l'actualité
socio-politique ; la profusion d'ouvrages récents consacrés au
problème du racisme en est témoin. Les *deuxièmes funérailles*
de l'Ecole de Durkheim ne sont donc peut-être pas pour
demain.

### Mentalité primitive et (fausse) conscience raciste

Il est significatif que l'auteur qui a peut-être le plus
contribué à un renouveau d'intérêt pour l'œuvre de Lévy-
Bruhl, soit un *historien* spécialiste du problème du racisme.
La théorie de la « causalité diabolique », mise en avant par
Léon Poliakov [3], postule la valeur opérationnelle des catégories
élaborées par l'auteur de la *Mentalité Primitive* comme instruments d'une critique de l'idéologie raciste. On connaît le
rôle d'une certaine *causalité démoniaque* dans les théories de
Lévy-Bruhl : un homme mort de maladie, d'une morsure de
serpent ou à la suite d'un accident de chasse au tigre, serait
considéré par le « primitif » comme victime des agissements
d'un sorcier dont le serpent ou le tigre sont les instruments.
Pour les ethnologues de nos jours, cette conception de la
causalité primitive n'a plus guère qu'un intérêt historique.
Mais elle peut être récupérée par la politologie ; dans des
situations de crise la causalité archaïco-diabolique peut encore
de nos jours faire surface. Le roi Fayçal d'Arabie a cru
pouvoir affirmer sérieusement que les malheureuses commu-
nautés juives de l'Occident médiéval auraient été les insti-

gateurs occultes des Croisades [4] ; de son côté la presse de
Vichy a tenté, non sans quelque succès, d'accréditer l'idée,
à peine moins absurde, que le « Judaïsme mondial », supposé
tout puissant à l'époque, était responsable de l'éclatement
de la Deuxième Guerre mondiale. L'analogie avec la causalité
*primitive* est patente. La thèse défendue par Léon Poliakov
marque donc bien un « retour à Lévy-Bruhl » mais ce retour
est plutôt un détour qui nous conduit assez loin de l'ethnologie.
La causalité diabolique est l'une des structures fondamentales
de la distorsion idéologique en général, autrement dit du
phénomène de la fausse conscience. L'ouvrage de Poliakov
est une contribution capitale à ce problème [5].

Sa démarche doit cependant être nuancée sur un point
précis. Proche des idées de Karl Popper, Poliakov tend à
incriminer l'ensemble du marxisme dans la genèse de la
causalité diabolique [6]. Mais le marxisme n'est pas seulement
une théorie politique, c'est aussi une *dialectique* et la dialectique
est un instrument pratiquement incontournable de toute
démystification [7]. La causalité diabolique ressortit à une
perception manichéenne de la réalité socio-politique dans la
mesure où elle s'entête à mettre les événements favorables
sur le compte du *facteur ami* et les défavorables sur celui du
*facteur ennemi*. Or, le manichéisme politique, qui ne connaît
que thèse et antithèse et ignore la synthèse, se trouve aux
antipodes de la dialectique. Il en résulte un penchant à
détotaliser (donc à dédialectiser) les situations historiques en
faveur de la recherche des « causes uniques » (*key causes*)
choisies en fonction de critères égocentriques souvent irra-
tionnels. La théorie de la causalité idéologique s'articule ainsi
avec la « conception policière de l'Histoire [8] et aussi avec
certains aspects de l'expérience causale de l'enfant [9]. Les
différents aspects de la causalité idéologique — dont la
causalité *diabolique* est une variante — apparaissent, dans
cette optique, comme des phénomènes de dédialectisation
régressive. Dans cette question le marxisme et le durkheimisme

ne sont pas antagonistes mais complémentaires en tant qu'instruments de démystification.

La théorie de la causalité diabolique n'est pas la seule arme que l'Ecole de Durkheim offre à la critique de l'idéologie raciste. Le racisme est anti-historicisme dans la mesure où il postule une persistance extra-historique (réifiée) des caractères ethniques ; c'est aussi un asociologisme car dans le racisme « le racial domine le social » [10]. En tant que sociologisme conséquent, le durkheimisme comporte ici une dimension désaliénante qui d'ailleurs ne se limite pas au seul racisme ; il en est de même, pour une raison identique, de la variante historiciste du marxisme (Lukàcs, Mannheim, Gramsci etc.). L'un des principaux griefs que l'on est en droit de formuler à l'adresse du « marxisme » anti-historiciste de l'Ecole d'Althusser, est de désarmer la critique marxiste face au défi raciste. Dans cette question un durkheimien conséquent est peut-être plus marxiste qu'un marxiste de la mouvance althussérienne.

## La Division du Travail Social *de Durkheim,*
### *critique anticipée de l'esprit totalitaire*

Dans cet ouvrage (sa thèse de doctorat), Durkheim oppose le concept de solidarité mécanique (juxtaposition d'éléments interchangeables) à celui de solidarité organique où chaque individu est un rouage autonome non-interchangeable du fonctionnement de l'ensemble. Les sociétés fondées sur la solidarité organique constituent des totalités dialectiques au sens de Lukàcs ; celles régies par la solidarité mécanique présentent indiscutablement quelques traits réifiés. Je prendrai pour témoin Durkheim lui-même :

> « Les molécules sociales qui ne seraient cohérentes que de cette seule manière ne pourraient donc se mouvoir avec ensemble que dans la mesure où elles n'ont pas de mouvements propres, comme font les molécules des corps

inorganiques. C'est pourquoi nous proposons d'appeler mécanique cette espèce de solidarité. Ce mot ne signifie pas qu'elle soit produite par des moyens mécaniques et artificiellement. Nous ne la nommons ainsi que par analogie avec la *cohésion qui unit entre eux les éléments des corps bruts,* par opposition à celle qui fait l'unité des corps vivants. Ce qui achève de justifier cette dénomination, c'est que le lien qui unit ainsi l'individu à la société est tout à fait analogue à celui qui rattache la chose à la personne. La conscience individuelle, considérée sous cet aspect, est une simple dépendance du type collectif et en suit tous les mouvements, comme l'objet possédé suit ceux que lui imprime son propriétaire. Dans les sociétés où cette solidarité est très développée, l'individu ne s'appartient pas, nous le verrons plus loin ; c'est littéralement une chose dont dispose la société. Aussi, dans ces mêmes types sociaux, les droits personnels ne sont-ils pas encore distingués des droits réels [11]. »

Evidemment le terme *réification,* qui n'avait pas encore droit de citer dans le vocabulaire universitaire de l'époque, ne figure pas dans ce passage qui n'en contient pas moins la description suggestive d'une socialité réifiée.

La question de la validité de ces vues dans le domaine ethnologique, ne nous concerne pas ici. Mais l'avènement du totalitarisme politique a conféré aux thèses de l'Ecole de Durkheim une actualité imprévue. La critique anticipée de l'esprit totalitaire contenue dans *La Division du Travail Social,* reste en effet singulièrement vivace. Durkheim incriminait dans les sociétés archaïques une prépondérance *dépersonnalisante* de la conscience collective avec comme corollaire une homogénéisation des processus intellectuels, une solidarité de type mécanique, et un droit essentiellement répressif. A ses yeux il s'agissait là d'un stade définitivement dépassé de l'évolution humaine ; l'hypothèse d'une régression possible vers des structures archaïques, relevait pour le public scientifique de la *Belle Epoque* de la politique-fiction.

La perspective historique n'est plus la même. L'époque de grands bouleversements sociaux, qui fait suite à la Première Guerre mondiale, est aussi celle de la *tentation totalitaire.* Rien ne reflète mieux l'ambiance de ce temps que le titre du génial essai du psychanalyste Eric Fromm : *Escape from Freedom.* Taxée d'inefficacité face aux grands défis de l'Histoire, la démocratie pluraliste est désormais au banc des accusés, en compagnie de l'individualisme, son corollaire, pour ne pas dire son complice. L'apparente efficacité totalitaire séduit une fraction grandissante du public : à gauche la triomphale planification stalinienne, victorieuse du chômage, occulte l'existence du Goulag ; à droite les tenants traditionnels d'un antigermanisme ombrageux, n'arrivent plus à refouler leur admiration pour le hitlérisme qui a su faire d'un peuple vaincu et humilié, l'un des arbitres de la politique mondiale.

Mais le totalitarisme évolue. Simplement anti-individualiste au départ, il devient dépersonnalisant sur le tard et cette tendance atteindra en Chine lors de la Révolution Culturelle et au Cambodge sous les Khmers Rouges, un niveau littéralement délirant [12]. Les socialismes asiatiques semblent vouloir remonter le cours du temps : le retour à la solidarité mécanique est sérieusement envisagé [13] non sans rencontrer l'approbation, parfois enthousiaste, de certains milieux écologistes et gauchistes en Occident. On n'en est plus là aujourd'hui : la roue de l'Histoire a continué à tourner mais la valeur de l'exemple historique demeure. Il montre, en toute clarté, que le schéma durkheimien a beau être obsolète en ethnologie, il n'en garde pas moins sa valeur comme instrument d'une critique du phénomène totalitaire contemporain... Les personnes qui attendent leur invitation pour les « deuxièmes funérailles » de l'Ecole de Durkheim, feraient bien de s'armer de patience.

*Régression du concept de responsabilité*
*Actualité de Paul Fauconnet*

On ne parle plus beaucoup de Paul Fauconnet ; son œuvre, et en particulier sa magistrale thèse « La Responsabilité »[14] sont presque oubliées[15]. Fauconnet rappelle que pour les Durkheimiens, la fonction de la sanction pénale, dans les contextes archaïques, n'est pas de frapper un coupable, mais de créer une contre-émotion collective destinée à rétablir l'équilibre émotionnel du groupe. Dans ces temps reculés la sanction pouvait frapper des enfants, des malades mentaux, voire des animaux ou des objets et également des collectivités. La conception moderne de la responsabilité, qui ne vise que l'auteur individuel du crime et le complice conscient et libre de sa décision, est le fruit d'un processus de spiritualisation et d'individualisation. Tout comme le passage de la solidarité mécanique à la solidarité organique, il s'agirait là encore d'un processus irréversible ; or, l'auteur de *La Responsabilité*, tout comme celui de *La Division du Travail Social*, semble avoir pêché par excès d'optimisme. L'essor du racisme au XX$^e$ siècle et la généralisation de la prise d'otages comme méthode de la lutte politique, impliquent une régression vers des formes archaïques de la responsabilité. Dire que le racisme postule une responsabilité collective, c'est énoncer une évidence mais il y a des évidences qu'il est bon de rappeler car on a parfois tendance à les oublier. Mettant brutalement les points sur les « i », Lucien Rebatet écrit que : « ... la juiverie offre l'exemple unique dans l'histoire de l'humanité, d'une race pour laquelle le châtiment collectif soit le seul juste »[16]. Autrement dit, Einstein, Ehrlich, Wassermann et tant d'autres, doivent payer pour Stavisky (et aussi pour Karl Marx). Notons que la morale du raciste du XX$^e$ siècle prend le contre-pied de celle de l'Ancien Testament ; Abraham n'a-t-il pas intercédé auprès de Jahve pour obtenir le pardon des habitants de Sodome en considération des mérites de quelques justes. Quant au preneur d'otages, il vit dans un univers manichéen qui ignore le droit d'être neutre ; son action, tout comme celle du raciste, postule la validité du principe de la responsabilité collective. L'œuvre de Paul Fauconnet reste donc actuelle et mériterait d'être tirée de l'oubli.

*Durkheimisme et marxisme*

Ceci nous amène à la question controversée des rapports du durkheimisme et du marxisme. Pour les représentants du marxisme orthodoxe, l'incompatibilité du marxisme doctrine prolétarienne et du durkheimisme idéologie bourgeoise, constitue une évidence [17]. Mais le point de vue opposé peut se prévaloir de quelques bons avocats comme Armand Cuvillier auteur d'un article remarquable paru en 1948 [18] et le sociologue hongrois Oscar Jàszi qui a diagnostiqué, dès 1906, la parenté de ces deux grandes doctrines [19].

Nous avons vu plus haut que le durkheimisme, au sens large du terme (en y incluant l'œuvre de Lévy-Bruhl), est instrument de démystification pour certaines formes contemporaines de l'aliénation politique comme l'idéologie raciste. Ce premier constat offre un dénominateur commun au durkheimisme, au marxisme du jeune Marx et à certains courants du marxisme contemporain comme le lukàcsisme.

Chacun connaît la place centrale qu'occupe le concept de réification *(Verdinglichung)* dans l'œuvre de Lukàcs. Ce terme marxiste est naturellement absent dans les écrits de Durkheim mais l'idée y est et très clairement, à trois niveaux : a) au niveau méthodologique ; b) comme élément d'une critique de l'aliénation religieuse et c) dans son analyse de la division du travail social.

Le premier point n'appelle aucun commentaire. Dans les *Règles de la Méthode Sociologique*, Durkheim suggère de traiter les faits sociaux *comme des choses*. Ce n'était là à ses yeux qu'une hypothèse de travail, à l'usage des savants, sans implications politiques conscientes. Quant à Lukàcs, la perception chosifiante des faits socio-politiques dans *Histoire et Conscience de Classe*, relèverait de la *fausse conscience* de la

bourgeoisie au pouvoir qui veut percevoir sa propre domination *sub specie aeternitatis* comme une donnée immuable
soustraite aux avatars de l'historicité. C'est le même fait qui
est perçu par le penseur hongrois et le sociologue français,
dans une optique historiciste de combat pour le premier,
dans celle du savant pour le second.

Quant à la sociologie religieuse de Durkheim, peut-être
dépassée en tant que théorie sociologique, elle n'en constitue
pas moins, pour un marxiste, une analyse fort suggestive
d'*aliénation religieuse*. Cette théorie est bien connue : selon
Durkheim le membre de la société archaïque sent que son
appartenance à la collectivité lui apporte un surcroît d'efficacité et un supplément d'âme et il attribue ce fait à un
principe sacré extra-social. Dans la religion l'homme adorerait
donc sa propre socialité projetée dans la transcendance.
L'analogie avec les mécanismes de la réification selon Lukàcs
est patente. Dans cette question l'auteur des *Formes Elémentaires
de la Vie Religieuse* est peut-être plus marxiste que Marx dont
la fameuse formule : « la religion est l'opium du peuple »
renvoie à la tradition pré-marxiste de la pensée des Lumières.

L'opposition entre la dialectique de la totalité et la
réification, l'une des idées-force de la démarche de Lukàcs
dans *Histoire et Conscience de Classe*, est aussi celle qui sous-
tend la théorie durkheimienne de la société archaïque. Les
sociétés à solidarité organique sont, comme on l'a vu plus
haut, des totalités dialectiques (des Gestalt) alors que celles
régies par la solidarité mécanique sont des entités réifiées.
Pour Lukàcs, comme pour Durkheim le progrès historique
consiste essentiellement en un dépassement dialectique de la
réification sociale, mais pour les marxistes ce dépassement
est le fruit de la lutte de classe prolétarienne alors que pour
le sociologue bourgeois il est le résultat de l'augmentation
de la densité sociale. Notons que si Durkheim n'utilise pas
le terme *dialectique* dans son acception marxiste, celui de
*totalité* est présent dans ses écrits méthodologiques et il est

porteur de la même signification dialectique que chez Lukàcs, Goldmann, Merleau-Ponty ou Mannheim [20].

Sommes-nous en droit de voir un *marxiste malgré lui* en Durkheim ? Non certes, mais pas davantage un anti-marxiste pur ; sa méthodologie comporte plus d'éléments dialectiques que celle de Max Weber. La formule *marxiste bourgeois*, souvent utilisée pour caractériser l'œuvre de Mannheim, est applicable, dans une assez large mesure, à Durkheim. La détermination de la conscience *(Bewusstsein)* par l'être social *(Sein)*, postulat fondamental du matérialisme historique, est également présente, sous une dénomination différente, dans l'œuvre durkheimienne.

Dans un article publié en 1906 dans *L'Année Sociologique* [21], Mauss et Beuchat ont montré que les variations saisonnières du cadre de vie des Esquimaux de leur temps, provoquaient des variations correspondantes au niveau des *superstructures* comme la vie religieuse, le statut de la propriété, les mœurs sexuelles etc. Il s'agirait donc là, selon O. Jàszi, d'une preuve *inductive* (plutôt : expérimentale) de la validité du principe fondamental du matérialisme historique. Il en est de même du concept de *mentalité primitive*. Une fois cette terminologie, aux relents européocentristes, mise entre parenthèses, un constat fondamental demeure que la sociologie marxiste n'a nulle raison de récuser : une socialité *sui generis* secrète une logique *sui generis*. La tendance démystifiante, commune au marxisme et au durkheimisme, n'est donc pas le fruit d'une coïncidence fortuite mais le résultat d'une fondamentale homologie de leur perception de la réalité sociale.

Le durkheimisme aura été l'une des idéologies de la bourgeoisie française à son apogée. C'était une époque de libéralisme et d'individualisme triomphants et de foi dans la science et dans le progrès. Mais c'était aussi une période d'expansion coloniale et de ferme attachement à l'idée de la mission civilisatrice de l'homme blanc *(the white man's burden)*.

Durkheim et ses collègues n'étaient peut-être pas des *colonialistes* au sens actuel (péjoratif) de ce terme, mais des hommes de leur temps, citoyens patriotes d'une grande puissance coloniale. Il leur était difficile de se soustraire à l'influence de l'esprit du temps ce qui explique leur vocabulaire européocentriste, l'une des causes probables de leur futur discrédit auprès des milieux progressistes.

Cette *société primitive* dépersonnalisante et *prélogique*, était l'antimodèle idéologique (justificatif) de la société bourgeoise française de la *Belle Epoque*, vigoureusement individualiste, fonctionnant sous le signe de la solidarité organique et tributaire d'une logique formée à l'école de la science. Une société *anti-primitive* en somme. Cet antimodèle a mal résisté à l'usure du temps, aux progrès de l'ethnologie et peut-être à l'impact de la décolonisation. Mais un fait nouveau survint, curieusement l'année même de la mort de Durkheim (1917) : la première apparition du totalitarisme politique sur la scène de l'histoire européenne... Et les théories durkheimiennes qui ne sont plus valables — et n'étaient peut-être jamais tout à fait valables — en ethnologie, se montrent désormais curieusement opérationnelles dans l'analyse critique de cette nouvelle étape, peut-être provisoirement close, de l'aventure historique de l'Homme [22].

## NOTES

1. Robert HERTZ, « Contribution à une étude sur la représentation collective de la mort », *L'Année Sociologique*, 1907.
2. L'« individualisme méthodologique », prôné par R. Boudon, est expressément pensé contre le sociologisme durkheimien. Cf. plus haut p. 34.
3. Léon POLIAKOV, *La causalité diabolique. Essai sur l'origine des persécutions*, Paris, 1980 ; « Causalité, démonologie et racisme. Retour à Levy-Bruhl ? », *L'Homme et la Société*, 1980.

4. Cf. Bernard LEWIS, *Juifs en terre d'Islam*, Paris, Calmann Lévy, 1986, p. 212 et *Le Monde Diplomatique*, février 1974.

5. La *causalité diabolique* est une variante du phénomène de la causalité idéologique que j'ai étudiée ailleurs (GABEL, *Idéologies*, Paris, Anthropos, 1974, p. 57 sq). La causalité idéologique (plus exactement : la distorsion idéologique de la perception de la causalité socio-historique) se caractérise : a) par la détotalisation des situations causales (*Op. cit.*, p. 60) ; b) par l'inversion de l'antécédent et du conséquent dans la relation causale et c) par une sursaturation causale qui l'apparente à la magie « gigantesque variation sur le thème du principe de la causalité » selon M. Mauss (p. 67).

6. Cf. POLIAKOV, *Op. cit.* 201 et passim : le concept de *diabolectique*.

7. L'idéologie étant réifiante (trait permanent de toutes les idéologies mais particulièrement marqué dans le racisme) la *désidéologisation* est pratiquement toujours synonyme de déréification donc de dialectisation. Pour détails cf. GABEL, *Op. cit.*, passim.

8. Cf. Manes SPERBER : « La conception policière de l'Histoire », *Preuves*, février 1954.

9. Cf. POLIAKOV, *Op. cit.*, p. 23.

10. Formule de Colette GUILLAUMIN, *Cahiers Int. de Sociologie*, 1972.

11. Emile DURKHEIM, *De la Division du Travail Social*, 7ᵉ édition, Paris, PUF, 1960, p. 100.

12. « En toute circonstance, l'étude des œuvres de Mao aide à renforcer la conception prolétarienne de la vie et la conception dialectique du monde, *à détruire le privé* et à promouvoir le public. » (G. BERMAN, *La santé mentale en Chine*, Paris, Maspero, 1973, p. 148, passage souligné par moi.)

13. « Kuo Mo-Jo me dit à mi-voix : il faut que les hommes soient pareils aux vagues de la mer, qu'on ne parvienne pas à les distinguer, qu'ils puissent à tout moment prendre la place les uns des autres... La directive du 7 mai 1966 de Mao insiste sur cette idée que l'on trouvait dans les premiers écrits de Marx, et qui a disparu dans les suivants : l'interchangeabilité, seul moyen de faire obstacle à la constitution permanente d'une élite dirigeante. » (Roger PEYREFITTE, *Quand la Chine s'éveillera...*, Paris, Fayard, 1974, p. 228.) Quant à l'expérience cambodgienne sous les Khmers Rouges, elle se passe de commentaires. Il s'agissait bel et bien d'un retour à la solidarité mécanique au sens de Durkheim, dans le cadre d'un Etat totalitaire moderne. L'ouvrage, de R. Peyrefitte est curieusement l'un des rares à envisager les potentialités désaliénantes de la sociologie durkheimienne. (*Op. cit.*, p. 27-28.)

14. Paul FAUCONNET, *La Responsabilité*, Paris, PUF, 1920.

15. Dans le *Dictionnaire des Philosophes*, l'article de Remi Hess est purement biographique ; l'ouvrage en question est simplement mentionné. *Le Dictionnaire des Œuvres Politiques*, de F. Châtelet, O. Duhamel et E. Pisier ignore le nom et l'œuvre de P. Fauconnet ;

il en est de même de la première édition de l'*Encyclopaedia Universalis*. En revanche dans son *Introduction to the History of Sociology* (Chicago, 1961), H.E. Barnes lui rend pleinement justice (*Op. cit.*, p. 522-23).

16. Dans *Décombres*. Passage cité par Ph. GANIER-RAYMOND : *Une certaine France*, Paris, Balland, 1975.

17. Cf. entre autres, Lucien HENRY, *Les Origines de la Religion*, Paris, ESI, 1935.

18. A. CUVILLIER : Durkheim et Marx, *Cahiers Internationaux de Sociologie*, 1948.

19. Oscar JÀSZI, Vérification inductive du matérialisme historique in GABEL, ROUSSET, Trinh Van THAO : *L'Aliénation aujourd'hui*, Paris, Anthropos, 1974, p. 749-763. Traduit par Mme Françoise Biro. L'original hongrois a été publié dans la revue *Huszadik Szàzad* de Budapest, en 1906.

20. « La catégorie de la totalité, la domination, déterminante et dans tous les domaines, du tout sur les parties, constitue l'essence de la méthode que Marx a empruntée à Hegel et qu'il a transformée de manière originale pour en faire le fondement d'une science entièrement nouvelle. » (LUKÀCS, *Histoire et Conscience de Classe*, traduction Axelos-Bois, Paris, Ed. de Minuit, 1960, p. 47.) Quant à Durkheim, le lecteur des *Régles* de la méthode sociologique n'a que l'embarras de choix. « En vertu de ce principe, la société n'est pas une simple somme d'individus, mais le système formé par leur association représente une réalité spécifique qui a ses caractères propres » (*Régles de la méthode sociologique*, Paris, 1987, p. 102). Il serait facile de multiplier ces exemples. La méthodologie de Durkheim ressortit à une sorte de *dialectique bourgeoise* qui se trouve aux antipodes de la méthodologie, réifiée, de Weber.

21. M. MAUSS et H. BEUCHAT, Essai sur les variations saisonnières des sociétés eskimos, *L'Année Sociologique*, 1906.

22. Mentionnons, puisqu'il est question d'un « retour à Lévy-Bruhl », les incidences de sa théorie en psychopathologie.

Lors de l'apogée de son influence vers 1920, l'idée d'exploiter certaines analogies entre la mentalité *primitive* et la structure logique de l'univers schizophrénique, a tenté certains théoriciens. Pour Alfred Storch (*Das archaisch-primitive Erleben und Denken der Schizophrenen*, Berlin, 1922) le « monde propre » *(Eigenwelt)* des schizophrènes serait un « monde totémique sans totem ». Emile Meyerson dont l'œuvre épistémologique est centrée sur le rôle de l'identification dans les processus cognitifs, assimile la « loi de participation » de Lévy-Bruhl à l'identification épistémologique. (Emile MEYERSON, *Du Cheminement de la Pensée*, Paris, F. Alcan, 1931, Tome 1, p. 81.) J'ai montré, en même temps que Silvano Arieti, l'importance de l'identification dans la logique des schizophrènes. (Cf. pour détails le premier chapitre de la deuxième partie du présent volume.) Nous avons là les éléments d'une fructueuse synthèse et aussi la voie inédite d'un « retour à Lévy-Bruhl ».

# IV

# ASPECTS JURIDIQUES
# DU PROBLÈME DE L'ALIÉNATION

## (Peine de mort et question judiciaire)

Nous nous proposons d'interpréter certains aspects, ou plus exactement certaines aberrations, du fonctionnement de la justice contemporaine à la lumière d'une théorie *globale* de l'aliénation. La *grande épidémie marxiste de l'après-guerre* [1] a souligné, même auprès du public non marxiste, l'importance philosophique de ce problème ; rien n'est plus caractéristique à cet égard que la place que lui donne l'un des meilleurs connaisseurs non marxistes du marxisme, J.-Y. Calvez [2]. Cet auteur entrevoit dans les cadres de la doctrine marxiste plusieurs formes d'aliénation : aliénation religieuse, aliénation philosophique, aliénation politique, aliénation sociale, aliénation économique. Il ne mentionne pas l'aliénation judiciaire en tant que secteur autonome ; aucun lecteur de Kafka n'ignore cependant que l'administration contemporaine de la justice comporte une dimension aliénante. De plus, le lien qui unit ces différents secteurs — leur dénominateur commun — ne ressort pas clairement de l'exposé de Calvez et il n'est pas certain que la lecture des textes marxistes classiques soit plus instructive sur ce point. La théorie de l'aliénation qu'entrevoit implicitement Calvez à la base de la doctrine marxiste est donc une conception pluraliste ; elle a au moins le mérite de souligner la généralité d'un phénomène qui affecte les sphères les plus variées de l'existence.

Ma propre contribution au problème de l'aliénation vise un but à la fois complémentaire et opposé : mettre en évidence, derrière la variété des manifestations de l'aliénation, un dénominateur commun qui légitime l'emploi d'une terminologie unitaire. En effet, si la terminologie française, italienne et anglaise est unitaire, la terminologie allemande, d'une importance capitale pour l'histoire des idées, est, quant à elle, résolument pluraliste [3]. Une tentative visant la mise au point d'une théorie unitaire de l'aliénation constituera ainsi — dans la mesure où elle est couronnée de succès — une justification de la terminologie française, puisque cette dernière postule implicitement, à l'arrière-plan des manifestations variées de l'aliénation, l'existence d'un noyau commun.

Selon l'auteur de ces lignes, ce *noyau commun* est la dégradation de la qualité dialectique de la saisie du monde, dégradation commune aux divers aspects de l'aliénation, sans excepter l'aliénation psychiatrique. Vue dans cette optique, l'aliénation est essentiellement *dédialectisation*, corollaire de réification *(Verdinglichung)* [4] ; la conscience aliénée (réifiée) est une conscience sous-dialectique voire a-dialectique. La « capacité dialectique », autrement dit la faculté d'appréhender la réalité dans son historicité et dans sa totalité concrète [5], est, à l'instar de toutes les autres facultés, sujette à des oscillations et à des variations individuelles. Nous connaissons des esprits plus ou moins dialectiques comme il existe des mémoires plus ou moins fidèles ou des oreilles plus ou moins sensibles aux charmes de la musique. A la limite, la dégradation de la capacité dialectique débouche sur la pathologie : nous pouvons caractériser la psychose schizophrénique comme un « cas limite » de la dé-dialectisation des fonctions cognitives. Ce serait donc la forme par excellence de l'aliénation à l'échelle individuelle [6].

En somme pour cette conception, l'aliénation, la réification et la dégradation de la qualité dialectique de la pensée (dé-dialectisation) constituent trois aspects d'un processus fondamental unique. Le concept de fausse conscience est de son côté corollaire des précédents et nous sommes entièrement d'accord avec Werner Stark lorsqu'il déclare — dans un texte lucide consacré aux implications dialectiques du bergsonisme — que « la réification est [...] un piège inhérent à toutes les formes de pensée visant la réalité humaine ou historique : il importe de l'éviter si l'on veut échapper au danger de fausse conscience concernant ces secteurs de l'existence » [7].

L'univers de l'aliénation ainsi interprété comporte une épistémologie « sui generis » caractérisée par l'importance accrue de la fonction identificatrice aux dépens de la fonction totalisante *(Gestaltende Funktion)* et par la promotion de la dimension spatiale de la saisie du monde aux dépens de sa dimension temporelle [8]. La conscience aliénée est, dans ses manifestations cognitives, une conscience identificatrice et spatialisante. Ce sont là deux aspects convergents de la dé-dialectisation.

« Entre le procureur — écrit Robert Paris — qui stigmatise les anciens compagnons de Lénine comme une bande d'assassins et de criminels de droit commun et l'antisémite pour qui le Juif est à la fois et en même temps un suppôt du capitalisme et un agent du communisme, entre le raciste pour qui le Noir est mauvais parce qu'il est noir et le malade qui réduit la femme aimée au soulier ou à telle autre partie

de l'habillement ou du corps de cette même femme, il existe
évidemment un élément commun : et c'est, si l'on peut dire,
que tous ces gens ont *l'identification facile.* Chez celui qui
identifie l'adversaire politique à un criminel de droit commun
(ou à un agent de l'étranger, ou à un contre-révolutionnaire,
ou, inversement, à un communiste), comme chez le malade
— le fétichiste — qui identifie sa partenaire à l'un de ses
vêtements ou à une partie de son corps (et, soit dit en
passant, pas nécessairement la plus érogène), on assiste à la
disparition de cette catégorie que nous avons vu être au
centre de la dialectique : la catégorie de la totalité. [...] Cet
éclatement de la totalité, ce rationalisme morbide s'accom-
pagne d'une perte de la conscience du temps, d'une valorisation de l'espace : l'espace, géométrisable, est en effet plus
abstrait, plus contrôlable, plus prévisible ; le temps, au
contraire, nous renvoie au possible, à l'imprévu. Nous pouvons
déplacer un objet, nous ne pouvons rien à la succession des
heures, des jours et des nuits, des saisons. On peut prétendre
que Zinoviev a rencontré ici ou là, à tel ou tel endroit, des
agents de l'étranger ; on ne peut pas nous faire croire qu'il
n'a pas été président du Soviet de Pétrograd. Cette malléabilité
de l'espace, quand le temps apparaît irréversible, explique à
coup sûr tout cet usage de l'espace en œuvre dans la fausse
conscience [9]. » Le temps irréversible, axiogène [10] apparaît ainsi
comme étant essentiellement la dimension désaliénante de
notre ambiance spatio-temporelle [11]. Insistons sur ce postulat
qui reparaîtra lors de notre analyse de la peine de mort en
tant que conduite d'aliénation : la conscience aliénée (réifiée)
est une consciente a-temporelle qui dans ses formes extrêmes
tend vers des structures purement spatiales.

On peut donc conclure avec R. Paris que « la réification
constitue le dénominateur commun entre les phénomènes que
le psychiatre étudie et traite sous le nom de schizophrénie
et les phénomènes d'un autre ordre que la *Wissenssoziologie,*
après le marxisme, décrit comme des produits de la fausse
conscience. Ce qui est mis à jour dans les deux cas, c'est

une même méconnaissance de la nature essentiellement dialectique du réel et une même régression à une logique pré-
dialectique ou infantile [12]. »

Avant d'aborder notre sujet proprement dit, qui est
l'analyse des manifestations proprement judiciaires de l'aliénation, il importe de préciser encore un point. Nous nous
référerons volontiers à la justice totalitaire comme exemple,
car elle nous apparaît comme le véritable « type idéal » d'une
justice aliénée. Il semble cependant que même sous sa forme
*normale* l'administration de la justice comporte un élément
réifiant ou aliénant, inséparable de son fonctionnement, et
ceci indépendamment de la nature du contexte économique
ou politique. Pour un marxiste traditionnel, capitalisme et
fascisme étant politiquement consubstantiels, il est normal
que la justice bourgeoise soit discrètement et hypocritement
aliénante, alors que la justice fasciste l'est de façon brutale
et ouverte. A ceci il est facile de répondre que les exemples
les plus concrets d'aliénation judiciaire nous viennent précisément des contextes non-capitalistes : les procès d'épuration
des démocraties populaires, dont le *procès* n'est plus à faire.
Quelle que soit l'amélioration constatée dans ce domaine
comme dans d'autres, la valeur de l'exemple historique
demeure. On ne saurait considérer le stalinisme comme une
sorte d'aberration momentanée. La principale ligne de clivage
à établir entre les diverses catégories de justice ne passe
donc pas entre justice *capitaliste* et justice *socialiste*, mais entre
justice *démocratique* et justice *totalitaire* ; d'autre part, toutes
les formes de justice impliquent un certain degré d'aliénation
ou de réification. Selon Lukács, l'essence de la réification
réside dans le fait que l'ouvrier *contemple* [13] le produit de son
propre travail comme une réalité suprahumaine, faisant partie
de la Nature et dont les lois, à l'abri de la « praxis »
modificatrice de l'homme, possèdent la validité absolue, extra-
historique des lois naturelles. Dans l'univers de la réification,
l'homme est écrasé par le produit objectivé de sa propre
activité créatrice ; telle est, on ne saurait le nier, la situation

de l'accusé devant l'appareil de justice, socialiste ou capitaliste. Si la justice totalitaire est particulièrement *aliénante*, c'est essentiellement grâce à une exagération caricaturale de la réification judiciaire normale et peut-être davantage encore grâce à l'atrophie voulue des institutions correctives censées agir comme contre-poids : l'institution des Assises et celle de l'avocat. Sans être absolument inséparable de la démocratie politique — elle existait en Russie tsariste —, l'institution des Assises n'est à l'aise que dans les cadres de la démocratie [14]. Quant à l'avocat, nul n'ignore que la justice totalitaire tend à le réduire au rôle de figurant, pour ne pas dire de complice.

Dans des conditions normales, l'avocat est agent de désaliénation (dé-réification) judiciaire à plusieurs titres. Il joue un rôle valorisateur et personnalisant : en dépit des inégalités de situation et de connaissances, sa présence rend possible une véritable *rencontre* [15] entre l'accusé et ses juges. La totalité qu'il confère à la personne de l'accusé est une totalité fictive, une *illusion de la totalité*, selon l'expression de Jean Paulhan — nul ne songe à attribuer à l'accusé les connaissances juridiques et l'honorabilité personnelle de son défenseur —, mais cette fiction est une fiction efficace, tout comme celles qu'emploie la science. L'identification fictive et temporaire qui s'établit en cours de procès entre l'accusé et son avocat est une véritable *identification désaliénante* [16] dont les analogies avec le transfert des psychanalystes mériteraient d'être étudiées. Le postulat de l'innocence de l'accusé avant le jugement — postulat particulièrement vivace dans le droit anglo-saxon — comporte la même signification. Le droit totalitaire aurait plutôt tendance à se fonder sur le postulat implicite de la *culpabilité essentielle de l'accusé*, auquel il incomberait de démontrer son innocence. Toutes ces institutions et toutes ces fictions — des citoyens parmi les juges un pseudo-magistrat aux côtés de l'accusé, la fiction de l'innocence — concourent implicitement à diminuer le manichéisme réifiant de l'administration de la justice : accusé contre « appareil », coupable devant d'honnêtes citoyens, ignorant face à des juristes. Or, le manichéisme est de façon générale une structure mentale anti-dialectique, caractéristique à la fois de la pensée religieuse primitive et de la mentalité totalitaire. Les us et institutions judiciaires susceptibles d'atténuer ce manichéisme agissent dès lors en facteur de re-dialectisation et, partant, de désaliénation ; le droit totalitaire vise au contraire à bloquer l'action de ces facteurs. On peut donc affirmer sans paradoxe que le droit totalitaire n'est pas aliénant de par sa nature propre ; il est aliénant dans la mesure où *il ne désaliène pas*, ou pas assez ; le système totalitaire fait barrage à l'efficacité des facteurs de désaliénation et la mentalité totalitaire tend, par le jeu de diverses gratifications qu'elle dispense [17] à faire accepter cette régression. En effet, l'homme est un être normalement aliéné, entre autres parce qu'il est inachevé [18] ; il lui appartient d'être l'agent autonome de sa désaliénation propre [19]. C'est ce processus d'auto-désaliénation dialectique qui est bloqué par la régression totalitaire, dans le domaine du droit comme ailleurs.

Un exemple en est offert par le rôle de l'identification dans la structure épistémologique de l'acte judiciaire. Il existe une « mauvaise identification » dont nous avons entrevu l'importance dans les mécanismes logiques de l'aliénation. Même normal, l'acte judiciaire repose par la force des choses sur un certain degré de mauvaise identification : il n'existe pas deux crimes ni deux criminels identiques. Il appartient à l'avocat — agent de désaliénation judiciaire — de redialectiser l'acte judiciaire en faisant valoir le principe *si duo facierunt idem, non est idem* et aussi en soulignant l'importance de la composante « historiciste » et dialectique de l'appréciation du criminel et du crime. Nul n'ignore d'ailleurs que les Assises sont infiniment plus accessibles à ces considérations personnalisantes et dialectiques, que les tribunaux ordinaires.

Or, la justice totalitaire, notoirement hostile aux Assises et qui réduit l'avocat au rôle peu glorieux d'auxiliaire de l'accusation, tend également à exalter l'importance de la

composante identificative — et partant, anti-dialectique et
aliénante — de la structure du droit. Les tribunaux russes
sous Staline faisaient usage d'un curieux *principe de l'analogie*,
dont un exemple nous est donné par R. Schlesinger : peine
de mort pour contrefaçon de passeport *par analogie* avec la
loi réprimant le faux-monnayage [20]. La *Raison d'Etat* qui sous-
tend l'administration totalitaire de la « justice » apparaît une
fois de plus comme une raison identificatrice de structure
schizophrénique [21].

Cette tendance anti-dialectique et réifiante apparaît donc
comme le véritable dénominateur commun des diverses manifestations de l'aliénation judiciaire. A l'évaluation *historiciste*
et dialectique du bilan vital de l'accusé, le droit totalitaire
oppose l'ignorance du passé dans le meilleur des cas, sa
transformation rétrospective en fonction du présent, dans les
formes extrêmes. A la différence de la justice démocratique,
il tend à ignorer le principe de la prescription et aussi celui
de la non-rétroactivité des lois; autre biais pour scotomiser
le facteur *temps axiogène* (durée concrète). La notion de
circonstances atténuantes — type même de la démarche
dialectique *historiciste* et valorisatrice — n'est pas moins
incompréhensible à la justice totalitaire obsédée par le postulat
de l'homogénéité axiologique de la personne de l'accusé,
homogénéité à laquelle répond celle — de signe opposé —
du dirigeant totalitaire [22]. Un élément de réification apparaît
ainsi à la base de la plupart des manifestations de la justice
totalitaire à la fois en ce qui concerne la structure du droit
(principe de l'analogie !), l'administration de la justice (élimination du facteur temps) et la nature des relations entre
l'appareil et l'accusé (dégradation de la fonction d'avocat et
atrophie de l'institution des Assises).

C'est dans cette optique que l'on saisit le mieux la
signification de la *question* judiciaire du point de vue de la
philosophie de la culture. Sa présence est bien plus qu'une
simple manifestation d'aliénation ; il est permis d'y voir un
véritable thermomètre du degré d'aliénation judiciaire — et

de l'aliénation tout court — d'un contexte social donné [23].
Si l'action de l'avocat vise à *repersonnaliser* l'accusé grâce à
une fiction bienfaisante et à maintenir sur le plan judiciaire
la relation Sujet-Objet au niveau d'une rencontre dialectique
et valorisante, la torture consacre de façon définitive l'écrase-
ment de l'accusé par l'appareil, du Sujet par l'Objet.
L'expression française *question* traduit à merveille cette dégradation sociocentrique du dialogue judiciaire. La torture a
pour postulat implicite la culpabilité essentielle de l'homme
à qui il appartient de démontrer son innocence [24]. Elle postule
également l'homogénéité axiologique de la personne de l'accusé ; un innocent est censé posséder la force d'âme nécessaire
pour résister à la douleur et vice-versa. C'est dans sa fonction
dépersonnalisante et réifiante [25] autant que dans sa cruauté
que réside l'essence de la torture. Son concept peut ainsi
être légitimement extrapolé à certaines techniques non dou-
loureuses de dépersonnalisation judiciaire : l'emploi des sérums
de vérité constitue véritablement une *question judiciaire non-
douloureuse* [26]. Ce n'est donc qu'un paradoxe apparent si
certaines époques cruelles mais désaliénantes dédaignent la
torture ou si certains changements historiques annonciateurs
de décadence culturelle ont pu coïncider de façon apparemment paradoxale avec son recul [27]. Nous avons vu que le
problème de la torture n'est pas fonction du niveau intellectuel
ou moral mais du degré d'aliénation d'un contexte ; sa base
implicite est une néostructuration régressive de la rationalité
judiciaire. Ce terme de *néostructuration* est dû au docteur
Hesnard qui l'utilise à propos des délires. La torture repose
sur une néostructuration régressive de la rationalité, car elle
met au premier plan la valeur de l'aveu sans chercher la
cohérence dialectique de celui-ci avec l'ensemble de circonstances (totalité). L'aveu est donc implicitement réputé créateur
de vérité : c'est là un phénomène très proche du syndrome
de la toute puissance de la pensée observé chez les délirants.

Le problème de la peine de mort nous retiendra moins longtemps. Rappelons — au risque de nous répéter — que les deux éléments structurels de l'aliénation sont :

a) l'importance de l'identification anti-dialectique *(mauvaise identification)* ;

b) l'élimination du facteur *durée axiogène* au profit de l'espace. Nous devons retrouver ces deux éléments dans le « modèle de conscience » qui sous-entend l'institution de la peine capitale, pour avoir le droit de parler de *phénomène d'aliénation* à ce propos.

Il s'agit bien de *modèle de conscience*, car la question de la structure réelle de la conscience des personnes qui ordonnent ces pratiques ou qui l'appliquent, est marginale par rapport à notre sujet. Ce n'est pas la psychologie — ou psychopathologie — du tortionnaire ou du bourreau qui nous intéresse ici ; pas plus que la psychologie des collectivités qui acceptent ses « services ». Le concept de *conscience possible* introduit à partir de Lukács et Max Weber par L. Goldmann [28] constitue l'instrument essentiel de cette recherche ; or, ce concept ne relève pas de la psychologie individuelle ou sociale, mais d'une sorte de phénoménologie historiciste.

Ainsi, pour revenir à notre premier sujet, le modèle de conscience de l'*homo carnifex* — une abstraction du même ordre que l'*homo œconomicus* ou l'*homo politicus* — implique, nous l'avons vu, le postulat de l'homogénéité axiologique de la personne de l'accusé ; un innocent aura certainement la force de résister à la torture, un coupable y succombera à coup sûr. Ce postulat fait partie intégrante de la « rationalité d'aliénation » qui sous-tend, implicitement, l'application de la torture. Cela dit, nul n'ignore — le tortionnaire moins que tout autre — que cette homogénéité est un simple postulat : il existe en fait des criminels héroïques et des innocents pusillanimes. La conscience réelle du tortionnaire est donc une conscience dissociée *(split-consciousness)* : sa conscience psychologique est du XXᵉ siècle, sa conscience professionnelle — si l'on ose dire — plonge ses racines dans le temps des ordalies.

La question tant discutée de l'utilité préventive de la peine capitale échappe, elle aussi, à notre sujet. Même si cette utilité s'avérait évidente — ce qui est loin d'être prouvé —, l'application de la peine de mort n'en demeurerait pas moins une authentique *conduite d'aliénation* avec, à sa base, un *modèle de conscience (conscience possible)* de structure étrangement semblable à celle qui sous-tend les autres formes d'aliénation. C'est ce que nous essayerons d'établir en nous fondant sur l'analyse d'un cas célèbre : celui de Caryll Chessmann.

Emprisonné en 1945, condamné à mort peu après, Chessmann lutta 13 ans pour sa vie ; il écrivit en prison deux livres à succès, toucha des droits d'auteur, paya des impôts et consacra ses gains aux honoraires de ses avocats et aux autres frais de son combat pour sa vie. Son exécution déclencha de nombreuses protestations dans les milieux intellectuels.

En effet, si le criminel X commet son crime au moment *a*, il sera condamné au moment *b* et exécuté au moment *c*. L'exécution de la sentence postule donc que $X^a = X^b = X^c$, ce qui est une *fausse identification* tout à fait typique car elle scotomise le temps créateur de valeurs *(axiogène)* qui s'est écoulé entre les moments *a* et *c*.

Dans un cas ordinaire, ces considérations risquent de demeurer théoriques. L'immense importance de l'affaire Caryll Chessmann réside dans le fait que par suite de circonstances particulières, l'aliénation judiciaire y apparaît projetée sur un écran agrandisseur, ce qui permet de discerner à l'œil nu ses particularités structurelles. Ce qui à l'échelle des cas ordinaires apparaît comme une discrète faute logique prend ici rang d'absurdité révoltante. De toute évidente, *l'outcast* condamné en 1945 n'avait plus grand-chose de commun avec l'écrivain exécuté en 1960. La mesure plus ou moins légitime de défense sociale s'est transformée avec le temps en un authentique crime contre l'intelligence, contre la littérature même. En 1945, son exécution eut rappelé celle de Landru ; en 1960, elle évoque *aussi* celle de Garcia Lorca. Il eût fallu l'exécuter immédiatement ou lui faire don de la vie. La fraction de temps écoulé entre le *moment A* et le *moment C* aura été dans ce cas réellement temporalité axiogène — la *Zeitigung* dialectique et valorisatrice des psychiatres de l'école d'anthropologie existentielle — dont la scotomisation judiciaire constitue, de toute évidence, un fait d'aliénation [29].

L'affaire Chessmann est devenue ainsi un miroir qui a permis à la collectivité de contempler à l'œil nu un aspect de sa propre aliénation. Kafka eût aimé le cas Chessmann. Sa sensibilité *essentialiste* de névropathe de génie [30] lui a permis de diagnostiquer un élément schizophrénique discret dans le fonctionnement de routine de la justice. Dans le cas Chessmann, cette *essentialisation* a été l'œuvre de la réalité qui s'est chargée de se caricaturer elle-même. Il aura été l'auto-analyse douloureuse de la conscience juridique américaine, non sans que les Européens puissent dire ou à tout le moins penser cependant : « *de nobis fabula narratur* ».

D'où partialité évidente du public européen en faveur de Chessmann, partialité légitime en l'occurrence que je considérerais volontiers comme un aspect de cette « partialité de l'être » qu'invoque dans *Obstacle et Valeur* René Le Senne.

En 1952, un pauvre mannequin anglais, Ruth ..., tua son amant volage et tyrannique ; elle fut froidement condamnée à mort et exécutée peu après. L'affaire fit moins de bruit que celle de Chessmann; personnellement, j'en ai été moins affecté. Pourtant, en toute justice, cette pauvre amoureuse bafouée avait peut-être plus de droit à la vie que Chessmann qui, après tout, avait été un monstre. Mais sa condamnation n'était qu'une injustice, celle de Chessmann, en revanche, un fait caractérisé d'aliénation judiciaire. Or, l'homme est ainsi fait qu'il accepte avec une relative facilité l'injustice — surtout lorsqu'elle frappe les autres — mais c'est une dimension de son essence anthropologique que de se dresser contre l'aliénation car son humanisation est à ce prix. Le socialisme est devenu une force historique le jour où, de révolte contre l'injustice (utopistes), il est devenu, avec Marx, réaction contre l'aliénation.

Faut-il prôner alors la justice expéditive ? Il n'est que trop évident que la justice lente — ce dont les fameuses lenteurs de la justice américaine sont comme le cas extrême — n'a pas que des inconvénients. Il y a là un dilemme : accepter la justice expéditive qui choque notre sensibilité et augmente les risques d'erreur, ou accepter que dans les cadres d'une justice lente le temps valorisateur et désaliénateur — comme il est valorisateur et désaliénateur dans le cadres de certaines cures analytiques — s'insinue dans l'univers de la faute, y accomplisse son œuvre et le jour venu fasse valoir ses droits. Le jour où l'on aura compris que la suppression de la peine de mort est peut-être le moyen le plus économique pour échapper à ce dilemme, on aura franchi une étape importante de cette œuvre de désaliénation judiciaire, inaugurée il y a deux siècles par l'immortel auteur de *Des délits et des peines*.

## NOTES

1. Le mot est de J.F. REVEL, *La cabale des dévôts*, Paris, Julliard, 1962.

2. J.Y. CALVEZ, *La Pensée de Karl Marx*, Paris, le Seuil, 1956, notamment p. 55 sq. et 443 sq.

3. Trois expressions au moins correspondent en allemand au terme « aliénation » : *Entfremdung*, *Entäusserung*, *Veräusserung*; cf. l'article de Raymond ARON, Marx et les marxismes, *Le Figaro Littéraire*, 12 octobre 1963, p. 18 sq. et G. GURVITCH, *Sociologie et Dialectique*, Paris, Flammarion, 1962, passim. Evidemment la valeur respective de ces terminologies est une question d'utilité pratique : *the proof of the pudding is in the eating*.

4. On traduit le terme *Verdinglichung* par réification (Goldmann, Lagache, Lefebvre) ou chosification (A. Cornu). Le premier usage terminologique tend à prévaloir en France et ceci notamment grâce à sa concordance avec la terminologie anglaise qui ne possède pas d'homologue pour « chosification ». L'expression « objectivation » doit être réservée pour traduire *Vergegenständlichung*, toutefois il s'agit là d'une expression presque synonyme.

5. Cf. L. Goldmann : « La méthode marxiste est un structuralisme génétique, généralisé, régi par l'idée de la totalité » (*Annales ESC*, Paris, janvier-février 1963, p. 114).

6. L'idée que l'essence de la psychose schizophrénique serait une perte de la qualité dialectique de la conscience et de la pensée, est assez ancienne. Elle est en effet implicite dans la théorie du « rationalisme morbide » formulée dès 1924 par E. Minkowski.

7. Werner STARK, *The sociology of Knowledge*, London (Routledge & Kegan), 1938, p. 315.

8. Cf. à ce propos les recherches remarquables de Victor ZOLTOWSKI, La fonction sociale du Temps et de l'Espace; Contribution à une théorie expérimentale de la connaissance, *Revue d'Histoire Economique et Sociale*, vol. 26, an. 2, 1947. Les cycles de la création intellectuelle et artistique, *L'Année Sociologique*, 1952.

9. Robert PARIS : La Fausse conscience est-elle un concept opératoire ? *Annales ESC*, mai-juin 1963, p. 556-557.

10. *Axiogène* : créateur de valeur. Pour le rôle valorisateur du temps et dévalorisant de l'espace, cf. la théorie des valeurs de Wilhelm Ostwald qui postule le rôle « axiogène » de l'irréversibilité. Selon L. Binswanger : le « problème du temps est au fond un problème éthique ». (*L'Evolution Psychiatrique*, janvier-mars 1956, p. 38) ; le même auteur évoque la « temporalité porteuse d'amour ». Dans les célèbres pathographies de Binswanger la déchéance de la temporalisation *(Zeitigung)* et de la capacité de valorisation *(Wertungsfähigkeit)* marchent généralement de pair.

11. A propos de la fonction désaliénante du temps, cf. le mot de Jean Lacroix qui — dans son compte rendu de l'ouvrage de J.Y. Calvez dans *Le Monde* — a qualifié Marx d'« introducteur génial du temps ( !) en économie politique ».

12. Paris, Art. cit., p. 557.

13. Cette attitude « contemplative » — par opposition à l'activité consciente de la « praxis » — est dans *Histoire et Conscience de Classe* l'une des dimensions essentielles du processus de réification de la conscience.

14. Les Assises tiennent souvent tête au pouvoir ; en 1878, elles eurent le courage d'acquitter Vera Zassoulitch, meurtrière du général tsariste Trepov. Aussi bien un pouvoir véritablement totalitaire ne saurait s'en accommoder : les tribunaux dits *populaires* de certains régimes totalitaires, dans lesquels des non-magistrats participent à titre décoratif, constituent une caricature mystificatrice des véritables Assises.

15. Cf. à ce propos, l'importance de la catégorie de *rencontre* en philosophie (Buytendijk) et dans la psychopathologie de la schizophrénie (von Baeyer, Strauss).

16. Le vocabulaire de routine des tribunaux français indique une identification temporaire et factice entre l'accusé et son défenseur : « Taisez-vous, *je ne veux pas être jugé sur la place publique* », s'est écrié Mᵉ Raymond Hubert lors du procès Mestorino en 1928. L'avocat dit souvent : « *Nous* sommes accusés, etc. ».

17. Le nazisme avait l'habitude de *gratifier* ses partisans d'origine modeste en leur offrant à la faveur de leur appartenance à la race *supérieure*, une illusion d'égalité (fausse identité !) avec les membres des classes supérieures.

18. Pour toute cette question de l'inachèvement et ses rapports avec l'aliénation et la dialectique, cf. Georges LAPASSADE, *L'entrée dans la vie*. Essai sur l'inachèvement de l'Homme, Paris, Editions de Minuit (1963) et 10/18 (1971).

Lapassade cherche le fondement anthropologique de la pensée dialectique dans les théories de l'anatomiste hollandais Louis Bolk : théorie de la prématuration ou inachèvement de l'homme au moment de la naissance. Cet inachèvement implique une « nécessité de l'aliénation » (*op. cit.*, p. 38) tout en offrant la possibilité d'un dépassement dialectique de cette aliénation. La désaliénation est donc une conquête.

L'une des séductions majeures du totalitarisme — celui de droite en l'occurrence — réside dans sa tendance à gratifier ses adhérents avec des « illusions d'achèvement » comme l'illusion de la perfection raciale. Ces illusions gratifiantes aident à maintenir la conscience collective à un niveau régressif.

19. Marx dit que la libération du prolétariat ne saurait être que l'œuvre du prolétariat lui-même. Le principe de l'auto-désaliénation de l'homme n'est guère que l'extrapolation anthropologique de cette pensée marxienne.

20. Cf. Rudolf SCHLESINGER, *Soviet Legal Theory*, Londres, 1945, p. 225 sq. Vigoureusement défendu à l'époque par A. Vichinsky, ce principe ne semble pas avoir survécu au stalinisme.

Quant au droit nazi, cf. l'ouvrage du prélat pro-nazi Mgr Alois Hudal : *Die Grundlagen des National-Sozialismus*, Leipzig-Wien Günther-Verl., 1937, p. 167, qui constate expressément que les articles de la loi du 26 juin 1935 introduisent les principes d'analogie dans les procédures pénales (« ...*die* Analogie *als weiteren Rechtsbehelf zur Urteilsfindung einführte* »). L'analogie avec le droit stalinien saute aux yeux, l'un et l'autre ont, pour employer l'expression de R. Paris, l'*identification facile*. Cette *dédialectisation* du droit dans les contextes autoritaires explique, en partie au moins, la décadence concomitante de l'institution des Assises. On peut en effet appliquer les catégories meyersoniennes au processus d'administration de la justice : la démarche des magistrats est en principe plutôt *identificatrice*, celle des jurés relèvent en revanche de ce qu'E. Meyerson appelle l'*intuition du divers*. Le dépérissement des Assises dans ces contextes est donc un phénomène d'aliénation qui apparaît une fois de plus, comme une dédialectisation. (Prépondérance du principe d'identification). C'est donc un droit sur-réifié et sur-idéologisé.

21. La logique des schizophrènes est une logique *identificatrice* (Arieti, Gabel).

22. C'est encore une conséquence du grand principe manichéen de la mentalité totalitaire : le caractère du non-conformiste n'est pas une totalité dialectique concrète mais une mosaïque homogène d'éléments axiologiquement négatifs. Cette *mosaïque homogène* est d'ailleurs souvent construite au défi du bon sens : le participant d'un dangereux complot anti-gouvernemental est traité de lâche, etc. Inversement, le conformiste — et à fortiori le membre de l'élite totalitaire — est perçu comme une mosaïque homogène d'éléments axio-positifs. La torture judiciaire est sous-tendue par un postulat identique d'homogénéité axiologique : un criminel est censé devoir infailliblement succomber à la question ; un innocent doit nécessairement pouvoir y résister. L'image concrètement dialectique d'un criminel héroïque ou d'un innocent pusillanime se situe en dehors de la sphère de compréhension du modèle de conscience qui sous-tend la question : cette dernière est donc une conscience détotalisante, réifiée.

23. Dans *La Cause du Peuple* (mai 1972), des correspondants préconisent l'emploi de méthodes *énergiques* à l'égard du notaire accusé de meurtre mais dont la culpabilité n'a jamais été prouvée (« Il faut le faire souffrir petit à petit » « Je le lierai derrière une voiture et je le roulerai à 100 à l'heure à Bruay... », etc. ».

C'est une date historique. Des gouvernements de gauche ont pu recourir dans le passé à des méthodes d'investigation incompatibles avec les idéaux de la gauche, ceci sous l'empire de nécessités politiques impossibles à esquiver. Encore faut-il rappeler que les Jacobins, peu ménagers du sang de leurs ennemis, ont su éviter l'emploi de la torture. *La Cause du Peuple* nous offre, sauf erreur, le premier exemple de militants de gauche libres de toute responsabilité gouvernementale, préconisant ces méthodes dans une affaire en principe apolitique encore que lourdement chargée de contenu de classe. Tout commentaire serait inutile mais il faut retenir cette date.

24. Cf. ce curieux *écho* que nous empruntons à un vieux numéro de *France-Observateur* (jeudi 24 septembre 1964). Il y a du changement, depuis. L'exemple n'en est pas moins caractéristique. « L'accusé est toujours coupable ». Polémique dans la *Literatournaia Gazeta de Moscou* : un inculpé doit-il être considéré comme innocent tant qu'un tribunal ne l'a pas déclaré coupable ? « Oui », répond M. Strogovitch, professeur de Droit. « Non », affirme un procureur de Tshéliabinsk, qui précise que l'accusé doit déjà être considéré comme coupable du fait même que le ministère public le défère à un tribunal ; selon ce procureur, dont le point de vue, précise la *Literatournaia*, correspond

à une pratique encore courante en URSS, le rôle du tribunal doit se borner à accorder ou refuser les circonstances atténuantes. Motivation du procureur soviétique : « si l'inculpé était tenu pour innocent jusqu'au jugement, le ministère public apparaîtrait comme une institution absurde chargée de persécuter des innocents... ».

25. A propos de cette « fonction dépersonnalisante et réifiante » de la torture, un passage des mémoires de Jan Valtin : *Sans patrie ni frontières* (Paris, Dominique Wapler, 1947) qui a connu d'expérience personnelle les chambres de torture de la Gestapo : « Je sentis que j'allais cesser toute résistance. Je n'était plus capable d'aucun acte de volonté. J'avais souffert encore plus que mes camarades... Soudain, j'entendis une drôle de voix reconnaître : oui, j'y étais. *Je mis un moment à me rendre compte que c'était la mienne.* » (*op. cit.*, p. 617-618).

C'est caractéristique. Dans sa thèse *Les hallucinations verbales et la parole* (Paris, Alcan, 1934), D. Lagache parle de l'aliénation de la parole propre dans le phénomène hallucinatoire, utilisant — pour la première fois à notre connaissance parmi les psychiatres — le mot *aliénation* dans son acception marxiste.

26. Tous ceux qui ont fait de la narcoanalyse clinique savent à quel point c'est un faux dialogue entre médecin maître de toutes ses facultés et le malade écrasé par la drogue.

27. A. Mellor signale notamment le recul de la torture à l'époque mérovingienne. Or, la « barbarie mérovingienne » est un lieu commun, mais par rapport à l'Empire Romain de la décadence, l'avènement des sociétés barbares représentait une forme de désaliénation (cf. A. MELLOR, *La torture, son histoire, son abolition, sa réapparition au XXᵉ siècle*, Paris , 1949).

28. Pour ce concept fructueux de « conscience possible » cf. L. GOLDMANN, *Sciences humaines et philosophie* (Paris, PUF, 1952, p. 113 sq.). Le terme *phénoménologie historiciste* peut paraître choquant mais il est justifié par l'origine même de ce concept : d'un côté Weber dont la théorie des *types idéaux* ressortit à une forme de *Wesensschau*, et d'autre part Lukács. La conscience possible est, selon l'expression de Robert Paris, l'*horizon* de la conscience individuelle ou privée.

29. L'homme — dit Marx — transforme la Nature et ce faisant se transforme lui-même. C'est cette activité de transformation et d'auto-transformation dialectique que le marxisme désigne par le terme de *praxis* ; elle n'a rien de commun avec une simple pratique. Or, nulle activité n'a jamais mieux mérité ce qualificatif de *praxis* que celle du condamné isolé, seul contre tous, qui tient en échec l'appareil de justice pendant treize ans et qui, à la faveur de cette lutte, en arrive à se transformer en écrivain. C'est pour avoir voulu délibérément ignorer cette transformation prodigieuse que son exécution nous apparaît comme le type même de la conduite aliénante en matière judiciaire.

30. Le psychiatre allemand P. Matussek parle d'une perception essentielle — une sorte de *Wesensschau* pathologique — chez les

schizophrènes. Kafka — personnage schizoïde s'il en fut — a dû posséder à un haut degré, l'aptitude à cette forme de perception ce qui lui a permis de discerner derrière l'aspect relativement bénin de la justice austro-hongroise de son temps, la dimension aliénante qui deviendra dominante dans la justice totalitaire.

# SOURCES

Les études contenues dans ce volume ont été publiées dans les revues suivantes :

« Effet pervers et fausse conscience » dans *Cahiers Internationaux de Sociologie*, 1987.

« La conscience bureaucratique » dans *Pour*, 1979.

« Le concept de l'utopie » dans la *Grande Encyclopédie Larousse*.

« Un exemple clinique de logique réifiée » dans *Actas Luso-Espanolas de Neurologia y Psiquiatria*, 1949.

« Durkheim et aliénation politique » dans *Canadian Journal of Sociology*, 1984.

« Aspects juridiques du problème de l'aliénation » dans *Rendiconti* (Bologne), 1964.

Le titre original de ces essais n'a pas été systématiquement conservé. Leur rédaction (et surtout la traduction de ceux parus en langue étrangère) a subi des modifications stylistiques indispensables eu égard à la réceptivité d'un public différent.

# ANNEXE

## Joseph Gabel
## théoricien de la pensée
## dialectique

Né à Budapest en 1912, continuateur et défenseur de
l'Ecole marxiste hongroise, Joseph Gabel est sans doute celui
qui a le plus fait, depuis de longues années, pour renouveler
l'inspiration dialectique du marxisme et lutter contre toutes
ses falsifications dogmatiques. Non seulement, il a approfondi
les concepts fondamentaux de Lukacs, de Mannheim, de
Fogarasi, développant, à partir de la sociologie de la connaissance et de la critique de l'idéologie, un domaine de recherches
capital pour l'investigation marxiste, mais son œuvre théorique
— en particulier *La Fausse conscience* [1], *Sociologie de l'aliénation* [2]
en enfin, le volume nouvellement paru, *Idéologies* [3] constituent
l'un des apports les plus fondamentaux à la sociologie
moderne. Au moment où l'on redécouvre à travers les disciples
hongrois de Lukacs, le prestigieux courant de pensée dominé

par les écrits de Korsch, Lukacs, Mannheim, il importe de souligner tout ce que nous devons à ses travaux. Si la structure de la pensée schizophrénique nous apparaît, à travers les travaux de Laing, Cooper et Deleuze, comme caractéristique des mécanismes de l'idéologie politique, si le rapprochement aliénation sociale et aliénation pathologique, ou encore la reconnaissance du caractère non-dialectique de l'idéologisme stalinien, sont devenus aujourd'hui des acquis de la sociologie, on oublie trop souvent qu'il fut le premier à formuler ces hypothèses et à les défendre, envers et contre tout.

Héritier de toute l'école marxiste hongroise, dont il n'a cessé de faire connaître les travaux, Joseph Gabel, en devenant l'élève du célèbre psychiatre Eugène Minkowski, l'un des premiers qui s'attachèrent à l'étude psychopathologique et phénoménologique du monde du schizophrène, allait tout d'abord fournir au marxisme un prodigieux enrichissement en développant et en unissant la théorie lukacsienne de la réification et la description des mécanismes de la pensée schizophrénique qu'il transportait dans le domaine de l'idéologie. Sa thèse *La Fausse Conscience* proposait un premier bilan des recherches marxistes sur l'idéologie, en montrant l'importance du concept de « fausse conscience », corrélatif de la réification, pour la description des idéologies politiques. *Idéologies* nous fournit aujourd'hui l'approfondissement théorique de cette méthodologie à travers l'étude des polémiques qui suivirent le XXᵉ Congrès — tel *Humanisme et Terreur* de Merleau-Ponty — ou encore l'étude de différents types d'idéologie américaine, en particulier le Maccartisme. La *psychologie du stalinisme*, que Gabel esquissait dès 1949, peut être considérée comme l'une des premières études parues dans les pays occidentaux sur l'idéologie stalinienne. Il en dénonçait le caractère fondamentalement anti-dialectique, anti-historiciste, et montrait à quel point la structure réifiée de l'idéologie stalinienne risquait de fourvoyer le marxisme soviétique.

Passionné par la littérature, il esquissait aussi de fructueux rapprochements avec Orwell et Kafka, cherchant dans *1984* et *Le Procès*, des allégories inquiétantes de l'aliénation moderne. Alors que ce concept d'aliénation était récusé par la plupart des marxistes (sauf Henri Lefebvre qui en faisait le thème central de son analyse de la quotidienneté), Gabel y voyait l'un des concepts-clé de l'édifice théorique du marxisme. Ecrits, rédigés au fil des événements, réflexions quotidiennes sur la politique, la destalinisation manquée, les conflits du Tiers-Monde, les études de Gabel ont plus qu'un simple intérêt historique. elles nous montrent comment se sont élaborés les thèmes fondamentaux de la critique contemporaine, quels ont été leur enjeu et leur signification idéologique. Retrouvant en de nombreux points les analyses de l'Ecole de Francfort — Adorno et Horkheimer en particulier — hostile à toutes les compromissions et aux renoncements de la puissance de la pensée dialectique, Gabel fut aussi l'un des premiers à mettre en garde les jeunes marxistes contre les aboutissements politiques que le marxisme d'Althusser — anti-dialectique et anti-historiciste — risquait d'entraîner.

Enfin, Gabel a largement contribué à la redécouverte de l'œuvre du marxiste hongrois Karl Mannheim dont l'influence dans les pays anglo-saxons est comparable à celle qu'exerça Lukacs en Allemagne et en France. Sociologue et philosophe, ses travaux sont largement commentés en Allemagne comme aux Etats-Unis. Gabel apparaît aujourd'hui comme le témoin et l'aboutissement de toute la richesse de l'austro-marxisme et de l'hungaro-marxisme. Ennemi de tout dogmatisme et de tout fanatisme, son œuvre est une critique impitoyable de toutes les idéologies qui prétendent faire de la terreur et de la barbarie un instrument politique.

Jean-Michel Palmier
*Techniques Nouvelles*, avril 1975.

## NOTES

1. Editions de Minuit.
2. PUF 1970.
3. Anthropos.

# TABLE DES MATIÈRES